「細胞から若返る」アラフォーママ最強メソッド

バランスボール「美やせ」革命

美やせインストラクター
SAYAKA

Introduction

バランスボールが私に与えてくれたもの。

細胞が若返ること、
自分の体と心が喜ぶこと、
家族がいつも笑顔で幸せであること。

それを、あなたと分かち合いたい。

日本中のママたちが美しさと自信を取り戻せば、
社会はもっと輝ける。
変わりたいママを、全身全霊で応援します。

Introduction（はじめに）…………………… 2

美やせリポート
バランスボールが
100％忙しいママの味方の理由 ………… 16

本書の使い方 ……………………………… 24

LESSON 1
「美やせ」の第1歩を踏み出そう！
バランスボールスターターガイド

Step 1 写真撮影、サイズ計測、姿勢チェックで
「今の自分」をしっかり把握！……… 26

Step 2 バランスボールを
準備しましょう！………………… 32

Step 3 バランスボールに
座ってみましょう！……………… 34

Step 4 バランスボールで
跳んでみましょう！……………… 38

Column
音楽を聴く派？ 聴かない派？
音楽に合わせて跳ぶ理由 ……………… 42

LESSON 2
ママの悩みを解消する
産後リセットプログラム

産後ダイエットに必要なのは、
体だけでなく心もケアすること！……… 44

産後リセットプログラム1
崩れた姿勢を美姿勢へ ………………… 46

産後リセットプログラム2
腹＆二の腕の「ムダ肉」を
引き締めてスッキリ …………………… 54

産後リセットプログラム3
たるみ「内もも＋α《アルファ》」を
効率よく引き締める …………………… 58

産後リセットプログラム4
サビつきボディをメリハリボディへ…… 64

Column
バランスボールで味わえる、高揚感と幸せホルモン …… 74

LESSON 3
自分の理想を叶えるエイジングケアプログラム

アラフォーママに必要なのは、内面から湧き出る高揚感！ …… 76
エイジングケアプログラム1 お疲れママを「10歳若見え」へ …… 78
エイジングケアプログラム2 ずんどう体型を最強の美くびれへ …… 84
エイジングケアプログラム3 ぽっこり腹をぺたんこ腹へ …… 90
エイジングケアプログラム4 振り袖二の腕をほっそり二の腕へ …… 96

Column
「摂る」ことよりも「摂らない」ことに意識を傾けてみる …… 102

LESSON 4
太らない！ 老けない！ アラフォーママの正しい食事法

キツい食事制限はもうやめて！ 正しい食事法で楽しく、美しくなる！ …… 104
腸を整えることが「美やせ」の鍵！ ウンチは健康のバロメーター …… 106
「美やせ」を加速させる！ 健康で美しくなる12のルール …… 108
Epilogue（おわりに） …… 110
購入特典 …… 111

本書の注意事項

・本書で紹介するプログラム、産後ダイエットにおける考え方は、病気や故障の治癒、治療のためのものではありません。効果には個人差があります。
・治療中の方、痛みのある方、持病のある方、けがをしている方、妊娠中の方は、実践前にかかりつけ医に相談してください。
・プログラムの途中で体に異変を感じた場合はただちに中止してください。

産後のママの悩みを一気に解決

はじめまして。美やせインストラクターのＳＡＹＡＫＡこと小田《おだ》早矢香《さやか》です。

突然ですが、あなたのご自宅に「バランスボール」はありますか？

椅子として使っている方も多いかもしれませんね。もし、あなたのお部屋にバランスボールが無造作に転がっているとしたら、実にもったいない！

バランスボールを使ったエクササイズは、仕事や育児に忙しいママにぴったりの、心身ともに幸せになる最強の方法です。

- ✔ 産後の崩れた体型
- ✔ 日々蓄積される疲労
- ✔ 自分ではどうにもコントロールできない子どもや夫へのイライラ
- ✔ 体の至るところに生じる不調
- ✔ 年々失われていく体力や気力

ママたちが持つそんな悩みを一気に解決するのが、バランスボールエクササイズのすごいところです。

日常的にバランスボールに乗って跳ぶことで、

★姿勢がよくなった
★体重が減った
★体型が引き締まった
★体の不調がなくなった
★健康診断の数値がよくなった
★体力と筋力がついた
★子どもや夫にも優しく接することができるようになった

これまでに、私を含む13人のインストラクターが、5000人以上のママを指導してきましたが、こんな嬉しい報告が毎日のように私のもとに届いています。

産後に立ちはだかる厳しすぎる現実

私は、32歳のときに娘を出産しました。待ち望んだ妊娠、そして出産。愛おしい赤ちゃんとの最高に幸せな日々。聖母のような微笑を向けるキレイで優しいママ。そんな毎日を想像していた私を待っていたのは、厳しすぎる現実でした。

里帰り出産だった私は、両親の助けを借りながら、初めての子育てに奮闘していました。週末には夫が会いに来てくれ、幸せを感じつつも、どこか小さな違和感が募っていきました。子育ての迷いや不安。抱っこによる肩こりや腰痛、追い討ちをかけるかのように乳腺炎になり、泣いている娘を見て、泣きたくなる日々。だんだん情緒も不安定になっていきました。

産後1カ月は体と心がついていかず、本当に苦しかったことを覚えています。そして、娘が1歳の誕生日を迎えたタイミングで職場復帰。地獄のような日々がここから始まります。

当時、営業事務の仕事をしていた私。仕事復帰後、平日は朝5時に起きて家事をこなし、娘の保育園の準備をしながらご飯を食べさせ、保育園に送り、出社。片道1時間の通勤で足腰はボロボロ。それでも保育園に迎えに行き、買い物に行って夕食をつくり、ご飯を食べさせて寝かしつけ。ほっと一息つく間もなく夫がのんきに（当時はそんなふうに見えていました）帰宅。自分のことだけしていればいい夫に対して、**「私ばっかり」「不公平」「役立たず」そんな不満がどんどん溜まっていきました。**

復帰後3カ月頃までは夫婦喧嘩が絶えず、心の中に溜まっていった夫に対するネガティブな感情は、とうとう私の口からひどい言葉となって溢《あふ》れ出てしまいました。娘の目の前であるにもかかわらず。

「なんでわかってくれないの？」「なんでやってくれないの？」「なんで察してくれないの？」「それぐらいやってよ！」「もっと協力してよ！」「もういい、出ていく！」

そんな捨て台詞を吐き、行くあてもなくドライブしたのは一度や二度のことではありません。

さらに最悪なことに、夫へのイライラがやがて娘にも向かうようになっていきました。「早く寝なさい！」「早くして」「なんでできないの？」と、怒ってばかり。わけもわからず泣く娘を見ながら、一緒に泣く私。寝かしつけてスヤスヤ眠る姿に「こんなママでごめんね」と何度も謝ったり……。**気がつけば、思い描いていた「理想のママ」からどんどん遠ざかっていくばかり。**

そんな私の唯一の味方はチョコレートでした（笑）。ストレスが溜まるにつれ、チョコレートの摂取量も増え、自己最高体重を年々更新。着ていた服が着られなくなり、体型をカバーする服を選ぶようになった頃には、

・ぶよんぶよんのお腹　・ゴツい肩周り
・たくましい二の腕　・股《また》擦《ず》れする太もも

二の腕がパンパン……。自分の太さを認めたくなくて、夫に写真のセンスがないんだと本気で思っていました。でも、どんな角度で撮ってもらっても太くて悲しかったな……。

下半身は特に学生時代からのコンプレックス。どんなにマッサージしてもむくみっぱなし(もちろん脂肪も……涙)。脚がダルくて眠れない日も多かったです。

産後に立ちはだかる厳しすぎる現実

自分の姿がどんどん〝おばさん化〟していることにも気づいていました。あるとき夫に「外国人みたいなお尻を目指しているの？」と言われたときのショックは今でも忘れません。それからは、キレイなママが羨《うらや》ましくて妬《ねた》みそねみが止まらず、体だけでなく気持ちまで醜《みにく》くなっていきました。そんな自分が本当に嫌いになりそうでした。

さらに、追い討ちをかけたのは体の不調でした。営業事務の仕事は１日中パソコン作業なので、肩こり・腰痛・坐骨《ざこつ》神経痛との闘いでした。生理痛や偏頭痛もひどく、痛み止めは常に手放せない状態。スギ・ヒノキ・イネ花粉のアレルギーで、冬以外はずっと花粉症の薬を常用。さらには慢性的な便秘で酸化マグネシウムを毎日２回飲んで便を無理やり出していました。忙しくて病院に行けず酸化マグネシウムがなくなったときは、１週間便が出ず、急性大腸炎になったこともあります。もう不調のオンパレードで、薬でなんとか生活を維持しているような状態でした。

太った自分、イライラする自分、娘に優しくできない自分、いつも疲れている自分、不調を抱える自分。こんな自分はもう嫌！

変わりたい　変わりたい　変わりたい

出産前に思い描いていたようなママになりたい。そんな想いが募っていきました。

名前をなくしたママが、もう一度名前を取り戻すまで

変わろうと決意した私は、本当にありとあらゆるダイエット法に手を出しました。りんごダイエットやバナナダイエットなどの単品ダイエットに始まり、置き換えダイエットやカロリー制限にもトライ。さらにプロテインや脂肪燃焼サプリメント、コラーゲンドリンクや栄養サポートドリンクといったダイエット食品、着圧タイツや補整下着など、「これだけでやせる！」という商品には迷わず手を出しました。

とにかくいろいろ試したけど、成果はゼロ……。やせないし、不調は続くし薬も手放せない。疲れやすくて、常に重い体。お金だけが出ていくストレスでイライライライライライライライライライラ……。もうこのまま太り続けるのかな？　30代でこんな状態だったら、40代はどうなっちゃうの？　怖い……。

そんな先の見えない、抜け出せない沼の中にいるような絶望と常に隣り合わせの毎日でした。

あるとき、忙しさやストレスから生理が止まってしまいました。今思えばあの頃は、急に涙が溢れて止められなくなったりすることも多く、心身ともに限界だったのだと思います。保育園のお迎えも次第に遅くなり、夜泣きなんかほとんどなかった娘が4歳になった頃、「ママ～」と苦しそうに夜泣きするようになって思いました。

「このままじゃダメだ。娘の将来のため、家族のためにと思って仕事をしてきたけれど、このままでは私が家族を壊してしまう。なにより自分の体をこんなにボロボロにしてまで続ける仕事にどんな意味があるのだろう」

キレイなママになりたいと、ダイエットをしてもいつも失敗。精一杯のオシャレをしても顔はパンパン、体もデカく、理想の自分とのギャップに落ち込んでいました。

育休から復帰した営業事務の頃。家事・育児、仕事の両立で余裕がなく、不調続き……。嵐のような日々でした。でも、今ではこの時期の経験も財産と思えるように。

それに気づいた私は、２０１９年に退職を決意。極端な性格の私は、「もう一生働かずに家にいます」と夫に生涯無職を宣言！　家事に専念し、失業手当が終わる頃に保育園の就労証明を取るために内職生活を始めました。お給料は毎月５０００円程度。「それでもいい。とにかく家にいたい」。そんな気持ちでした。

でも、内職生活が半年も続く頃には、その生活にも飽きてしまいました。

ただ、経験のある仕事をしても、また不調に苦しめられるだけ。「自分のことを大切にしながら楽しい仕事って、本当にないのかな？」毎日そんなことを考えていました。

以前の私は、娘が幸せならそれだけでよかったのです。**私は娘の人生の裏方として「小田早矢香」という名前をなくし、「娘のママ」という肩書だけで生きていました。**でも、「それはイヤ、間違っている！」とようやく気がつきました。

平均寿命を考えても、まだ40年以上ある人生を今諦《あきら》めるわけにはいかない！　娘の人生も、家族の人生も、私の人生も大切にする人生を送りたい！　そう強く心に思ったのです。

私の人生を変えた
バランスボール

そのときにふと思い出したのが、産後に何度か体験した**「バランスボール」**でした。

体験する前は、バランスボールエクササイズって、「ボールの上で正座してバランスを取る」という体幹トレーニングみたいなイメージでした。でも、体験したらそんなイメージは根底から覆《くつがえ》りました。**ボールの上でぴょんぴょん跳びながら、手や足を動かしているだけなのに、「何これ！ 楽しい！ 気持ちいい！」運動しているはずなのに、疲れがまったく残らず、むしろ爽快感で疲れが吹っ飛ぶのを感じたことを覚えています。**

「バランスボールなら自分が健康でいながら、周りの人も健康にすることができる。これを仕事にできたらいいかも！」

これが転機となり、バランスボールのインストラクターになるための一歩を踏み出しました。夫に相談すると、内職しているよりずっといいと思ったのか（笑）、「いいじゃん！ やりなよ！」と背中を押してくれました。

バランスボールを始めた私には、本当にたくさんの変化がありました。

まず感じた変化は疲れなくなったこと。何もしなくても重かった体がとにかく軽い！ そして、寝起きがスッキリするだけでなく、日中あれだけ重かった瞼《まぶた》が嘘のようにパッチリ。体力と筋力がついたおかげか、娘と公園で走り回れるほどエネルギッシュになったんです。

海やプールではラッシュガードが手放せなかったのに、お腹も足も出せるように！　この１年後には夢のビキニデビューも果たしました！

体がどんどん軽くなり、毎日元気に過ごせるようになってきた頃。これまでどれだけ薬に頼りっきりだったのかと、健康になって痛感しました。

ウエストが16センチも細くなり、全てのボトムスがゆるゆるに！　ベルトのサイズも変わっちゃったので、全て買い替えました！

さらに続けていくと、あれだけ不調続きだった体に変化が生じました。

肩こり・腰痛・偏頭痛・生理痛もなくなって、いつのまにか鎮痛薬いらずの体に。極度の反《そ》り腰だった姿勢が整うと、**3カ月後にはウエストは-10センチ、気づけば体重は7キロも減っていました！**

体重を減らすことをもはや諦めていた当時の私にとって、これは嬉しすぎる変化でした。**これまで世の中にあるあらゆるダイエットに挑戦し、全てに挫折した私がダイエットに成功し、姿勢がよくなり、体の不調もなくなったんですから！**

自分が整い、体力にも余裕が生まれることで、イライラする気持ちが次第に消えていったことが一番の変化でした。夫に対するイライラモードが良妻モードに変わり、優しい言葉が使えるようになりました。この変化には自分でもびっくり！　もっと驚いたのはそれまで台所には一切立ち入らなかった夫が、食器を洗ってくれるようになったこと！　他人は変えられないけれど、自分が変わることで相手との関係性は変わり、その積み重ねで人や環境が変わっていくんだと実感しました。

美やせリポート

バランスボールが100%忙しいママの味方の理由

バランスボールによって変わったのは、私だけではありません。主宰する「美やせプログラム」の生徒さんからも毎日「変化」の報告が届きます。なかでも人生を劇的に変えた、お二人の生徒さんをご紹介します。

ボディラインの変化とともに産後の悩みが解消しました！

新川けいこさん　40歳（2児のママ）｜身長161cm

スタート

腰周り	84.5cm
体重	50.4kg
体脂肪率	24.2%

体が重く、あちこちに不調が…
顔と首の境界線がぼやけている…
下っ腹がぽっこり…

体型の変化、産後のマイナートラブルで心もうつむきがちに

出産後はマイナートラブルに苦しむ日々。特に頭痛には日々悩まされ、頭痛薬を常用していました。また、もともと反《そ》り腰気味でしたが、産後はさらに悪化。そんな不調が続くせいで、次第に気持ちもうつむきがちに。崩れた体型を写真で見ては「嫌だけど仕方がない。私はママなんだから子どもの黒子」と自身に言い聞かせるも、ふとしたときに涙が出ることもありました。

1カ月後

腰周り	83.5cm
体重	49.5kg
体脂肪率	22.5%

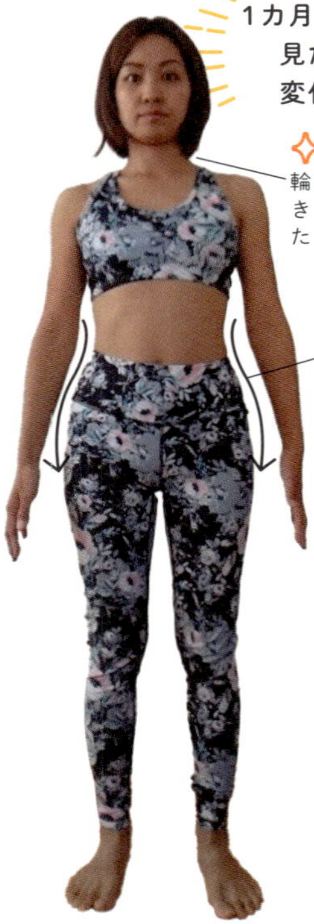

1カ月ですでに見た目に変化が！
輪郭がはっきりしてきた！
腰周りがシャープに！

プログラムを始めて1カ月で肩の痛みが消えた！

始めてからまもなくして肩がほぐれ、頭痛がなくなったんです。痛いのが当たり前だったので、「痛みが消える」という感覚にびっくり。さらに、ママ友に「何かやってる？」と聞かれるほど、体型も変わりました。そして一番の変化は、体力がついて1日笑顔で過ごせるようになったこと。自分にも自信が持てるようになりました。バランスボールに出合う前の自分を忘れるくらい今がとっても幸せです！

反り腰が改善し、
お腹もぺたんこに！

横から比較

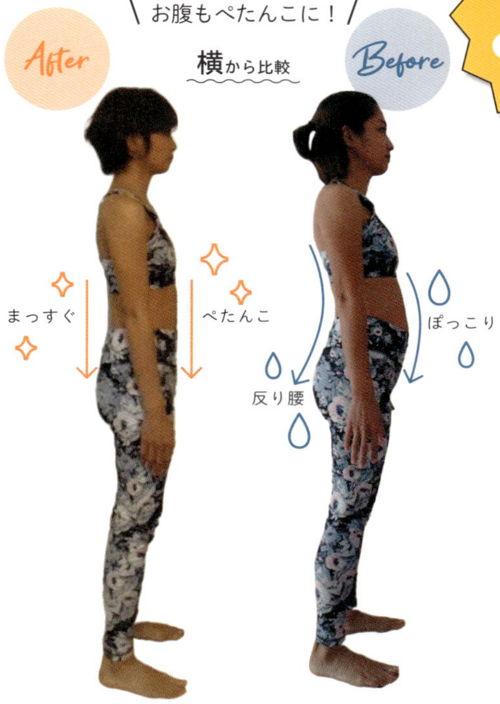
After
Before
まっすぐ
ぺたんこ
ぽっこり
反り腰

背中も二の腕も
ムダ肉がなくなりスッキリ！

後ろから比較

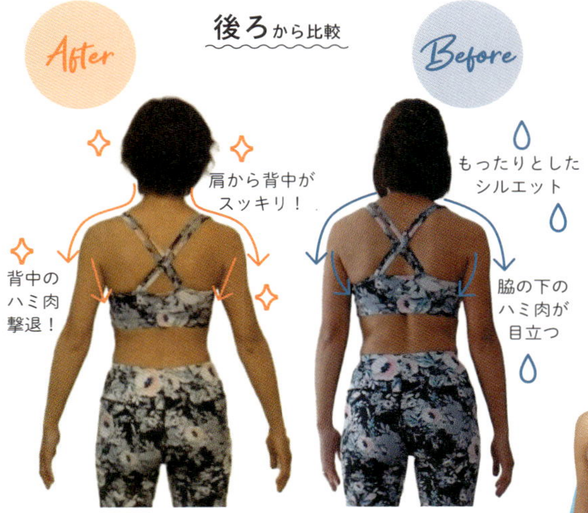
After
Before
肩から背中が
スッキリ！
背中の
ハミ肉
撃退！
もったりとした
シルエット
脇の下の
ハミ肉が
目立つ

Total
体重
-2.8kg
体脂肪率
-4.9%

5カ月後

data

腰周り	80cm
体重	47.6kg
体脂肪率	19.3%

全身スッキリ！
体力もアップ！
顔の輪郭が
スッキリして
首が細くなった！
筋肉がついて
腰周りが
スッキリ！

新川さんはなんと講師に転身！

バランスボールの魅力に取り憑かれ、資格を取って「美やせプログラム」の講師になっちゃいました!!

面白いくらい効果が出るので、自己肯定感が爆上がりしました！

小林まいさん　32歳（2児のママ）｜身長160cm

スタート

data

腰周り	79cm
太もも	53cm
体重	61.2kg
体脂肪率	31%

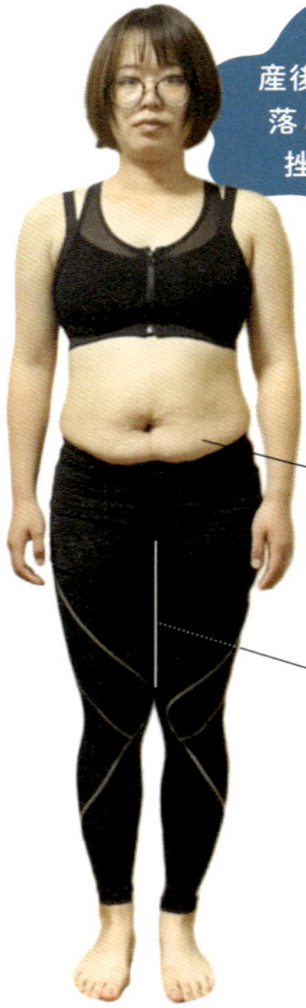
産後に3kg落とすも挫折…
産後太りから戻らないお腹…
内ももの すき間が どこかへ…

3カ月後

data

腰周り	68cm
太もも	49cm
体重	52.1kg
体脂肪率	26.3%

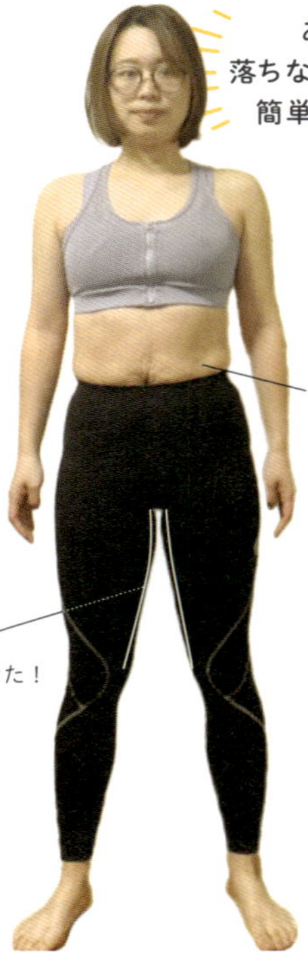
あんなに落ちなかった体重が簡単に落ちた！
浮き輪肉のボリュームが減った！
太ももが細くなってきた！

切迫早産で出産し、体力激減＆不調の中で始まった育児

切迫早産で入院していたため、産後にガクンと体力が落ちてしまいました。初めての育児は余裕がなく、ストレスから過食へ。**体重は20kgも増えてしまいました。**また、**もともと生理痛がひどく、PMSにも苦しんでいた**のですが、さらに悪化。**便秘もひどく、当時は3～4日に1回出ればいいというレベルの重症**でした。どうすれば健康的にやせられるのか、自分では答えが見つけられませんでした。

バランスボールで全部解決！体調不良が一掃されました

そんなときに出合ったのが「美やせプログラム」。**全ての悩みが解決しました！　開始1カ月あたりで姿勢が整い、体重は6カ月で約10kg減。足腰の痛み、生理痛、便秘も解消。**さらに目標だった**マラソン大会にも出場を果たし、10kmを完走しました。**ランニングの練習は2回だけで、それ以外は**バランスボールエクササイズしかしていないのに！**　自分でもこの結果に感動しています！

猫背が改善し、ぽっこりお腹が凹んだ！

After　**横**から比較　Before

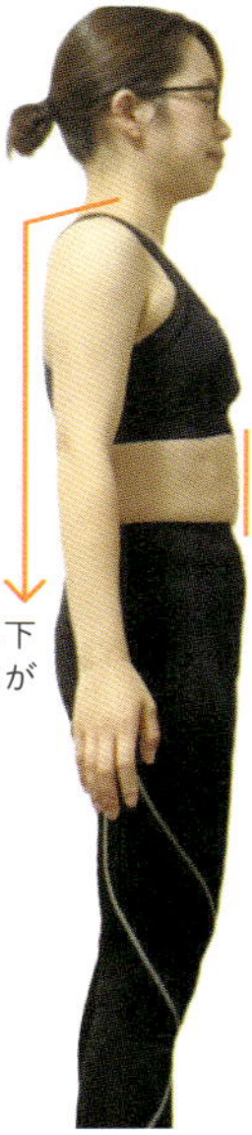

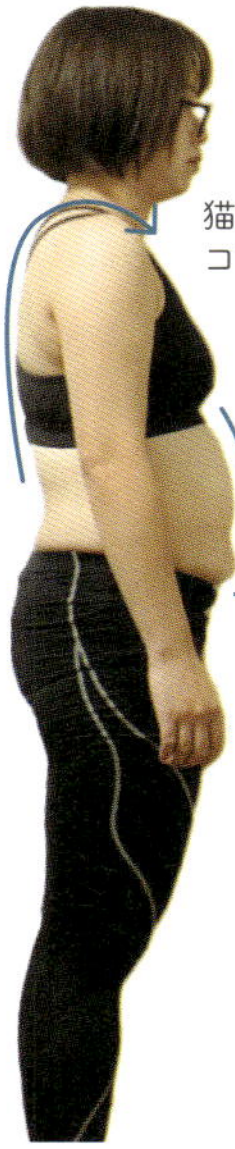

後ろ姿はもはや別人！

After　**後ろ**から比較　Before

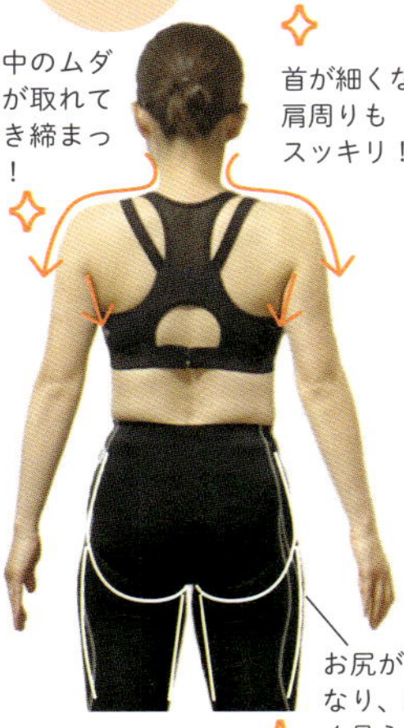

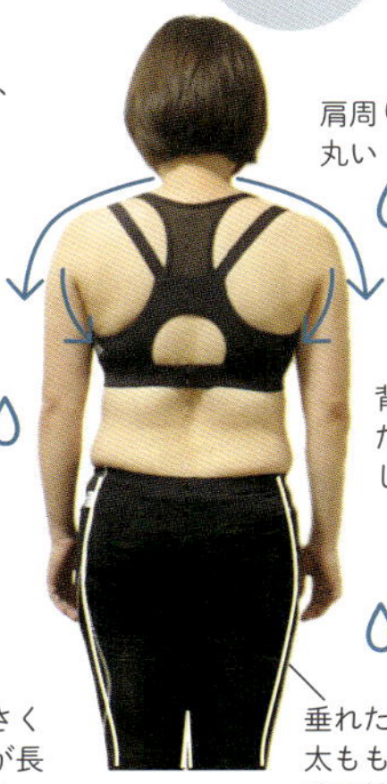

6カ月後

data

腰周り	65㎝
太もも	46㎝
体重	51.9kg
体脂肪率	26.2%

結果はこの体をご覧あれ！

Total

体重 **-9.3**kg

体脂肪率 **-4.8**%

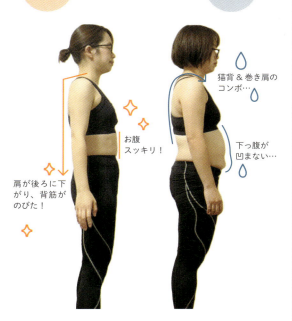

それ以外にも、

「〝おばさん体型〟を脱却し、理想の体型になって自信を取り戻した」

「息子の卒業式に堂々と出席できた」

「やせていたときのスカートがはけた！」

「産後うつだった私が、自分が好きな自分を取り戻した」

「生理痛や頭痛が改善し、痛みから解放された」

「持病が改善し、不調もなくなった」

「いつも疲れていた私が、体力と筋力を手に入れて疲れ知らずになった」

「子どもとの関係が劇的によくなった」

などの声が届いています。

こんなに効果があるんだから、きっとすごく大変なエクササイズなんでしょ？
運動嫌いの私には無理。続くわけない。

そうですよね。結果だけ聞くとすごいけど、「自分には無理」って、どうしても最初は決めつけてしまうものです。でも、バランスボールは本当に大丈夫！

バランスボールは、忙しいママに最適なエクササイズです。仕事バリバリの経営者ママさんや、乳幼児を育てるママさん、５人の子どもを育てるママさんなど、**生徒さんの99.9％は無理なく続けることができ、そのうえ成果を出し続けています。その理由は5つ。**

理由1

スッピン、部屋着で、
自宅でできるから
続けられる

理由2

忙しくても
有酸素運動と筋トレが
同時にできる

理由3

跳んでいるだけで、
幸せホルモンが
分泌される

理由4

とにかく
楽しい！

理由5

健康面での劇的な
変化を実感し、
もっと楽しくなる

運動神経やリズム感は不要です。
楽しく跳ぶだけで、
キレイでハッピーを
手に入れることができるんです。

ママが幸せなら、
世界はもっと美しくなる

ママになると大切なものができます。だからこそ、子どものため、家族のためにと頑張ってしまうけど、一番大切なのはママ自身。ママの体と心。ママが満たされなければ、家族に優しく微笑むこともできなくなってしまいます。でも、**ママの心身が整えば、最高の笑顔で家族を笑顔にすることができるんです。**

ママの雰囲気や空気に、家族はすごく影響を受けます。ママがイライラしていたら家の中もなんだかギクシャクするし、ママが最高の笑顔なら家族も明るくなる。子どもたちが人生で最初に関わる最小単位の社会は「家族」です。その「家族」が明るいものになってほしい。そんな家族が増えていったら、日本という社会がよくなり、子どもたちが生きる未来の日本がよくなる。本気でそう思うから、ママたちには自分の体と心を大切にしてほしい。

世の中にはいろんなダイエット方法や商品があるけれど、なかには決して体にいいとは言えないダイエット法もたくさんあります。無理な食事制限やファスティング、ハードすぎる筋トレなど、**自分を痛めつけるようなダイエットは今すぐやめてください。**

自分の体と心を大切に整えながら、健康的に美しく、エネルギー溢れる体を手に入れる、最高に幸せな方法をお伝えしていきます。

みなさんの体と心にも必ず変化が訪れます。
ママとして、妻として、そして一人の女性として、
幸せな人生を一緒に謳歌《おうか》しましょう！

「美やせプログラム」主宰　SAYAKA（小田早矢香）

〈本書の使い方〉

本書の LESSON2 と LESSON3 では、1回10分程度で行える、筋トレ、有酸素運動、ストレッチを組み合わせたオリジナルプログラムをそれぞれ4セットずつ紹介しています。各プログラムに使われているアイコンの見方と、本書と合わせて見られる動画について紹介します。

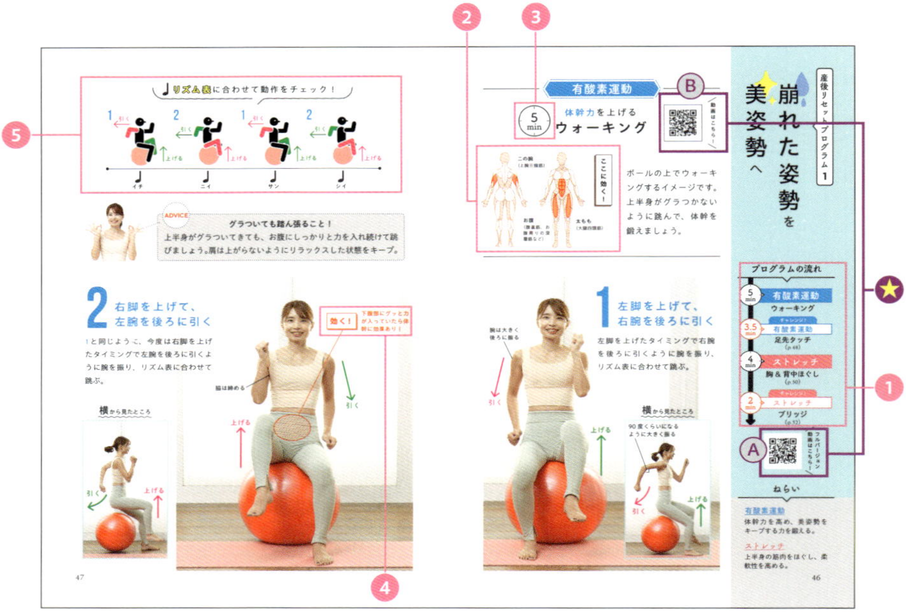

① **プログラムの流れ**

プログラムの構成が確認できます。チャレンジ！はその前に掲載しているメニューよりも少し難易度が高いメニューです。慣れてきたらプログラムにプラスして、跳んでみましょう。

② **ここに効く！**

どの筋肉にアプローチするメニューなのか、筋肉図で確認できます。

③ **5 min**

1、2の動作を、それぞれどのくらいずつ行うかの目安が確認できます。

④ **効く！**

どのパーツに効いているのか、意識して行うことができます。

⑤ **リズム表**

リズムに合わせて行う有酸素運動メニューにある図解です。跳ぶリズムと動作をセットで確認できます。

★ 動画もチェック！

本書で掲載しているバランスボールエクササイズは、プレジデント社公式 YouTube 内で視聴可能です。二次元コードを読み取り、サイトにアクセスしてご覧ください。

動画の視聴方法

Ⓐの二次元コード…プログラム全体を流れで視聴できます。
Ⓑの二次元コード…1つのメニューだけを単体で視聴できます。

スマートフォン・タブレットの場合

二次元コードを読み込む

二次元コードをスマートフォンまたはタブレットのバーコードリーダー（またはカメラ）で読み取ってください。

パソコンの場合

URLをコピー＆ペースト

パソコンから視聴したい場合は、スマートフォンまたはタブレットで読み取ってサイトを開いたあと、そのURLをコピーし、パソコンのウェブブラウザ上の検索窓にペーストしてアクセスしてください。

全ての動画はこちらから！

※動画の配信は、都合により終了する場合がございます。あらかじめご了承ください。

LESSON 1

「美やせ」の第1歩を踏み出そう！

バランスボール
スターターガイド

バランスボール初心者さんも、いろんなダイエット法を試してきた方も、まずは今の自分の体と向き合いながら、バランスボールの基本を楽しく覚えていきましょう！

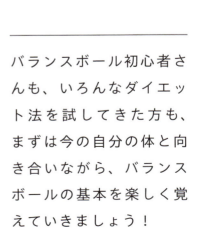

Step 1

写真撮影、サイズ計測、姿勢チェックで「今の自分」をしっかり把握！

バランスボールを始める前に、
まずは今の自分がどんな姿なのか、3つの方法でセルフチェック！
現実と向き合うことで、やる気と決意を強いものにしてくれるはず。

セルフチェック 1

自分の写真を撮ってみよう！

スポーツブラ＆レギンスがおすすめです
肩に力を入れず、腕は下ろす

☑ **体のラインがはっきりわかる服を着る！**

撮影するときは、体のラインがわかる服で行いましょう。ヨガウェアやタンクトップに短パンなどがおすすめ。足を肩幅に開いて、自然な立ち姿で撮影します。

☑ 目線は正面に向けて撮影する！

撮影するとき、ついカメラを見てしまいがちですが、**目線は正面に向けるのが正解。**カメラを見るとあごを引いた状態になり、首から肩のラインが正確に撮影できないので注意しましょう。

スマホをテーブルなどの上に置いて、セルフタイマー機能を使ってインカメラで撮影します。全身が入るように撮影しましょう。

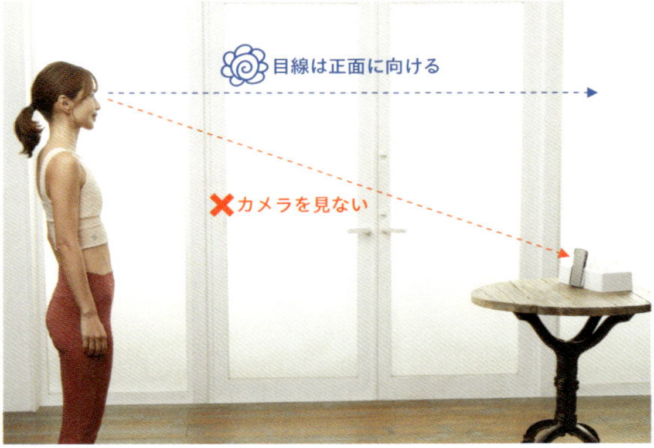

☑ 正面、横、背面の３方向から撮影する！

正面、横、背面の３方向から撮影します。鏡に映る自分と写真で見るのとでは、意外と違うもの。目を覆いたくなる姿でも、ここからが本番です！
やせていく姿と比較できるようにしっかり記録しておきましょう。

シルエットの変化を見逃さないで！

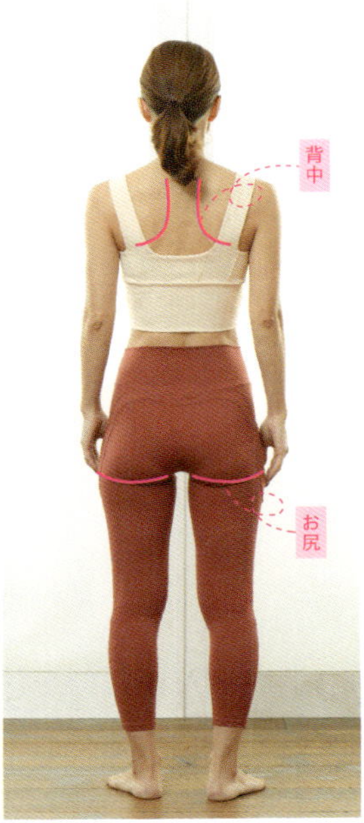

背面

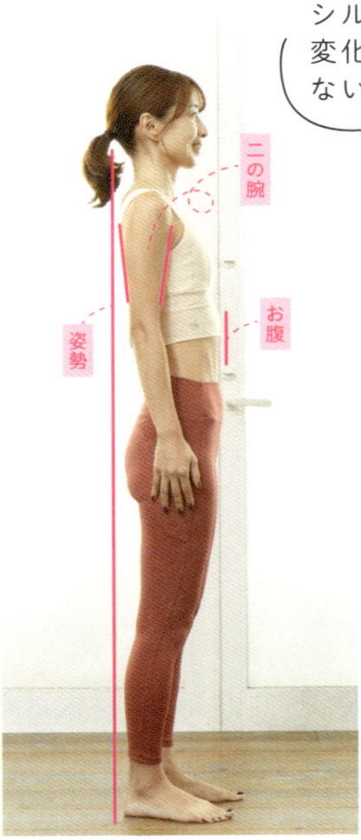

横

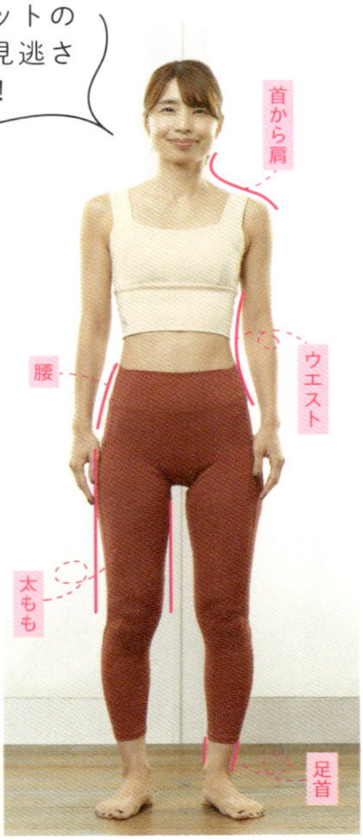

正面

サイズを測定しましょう！

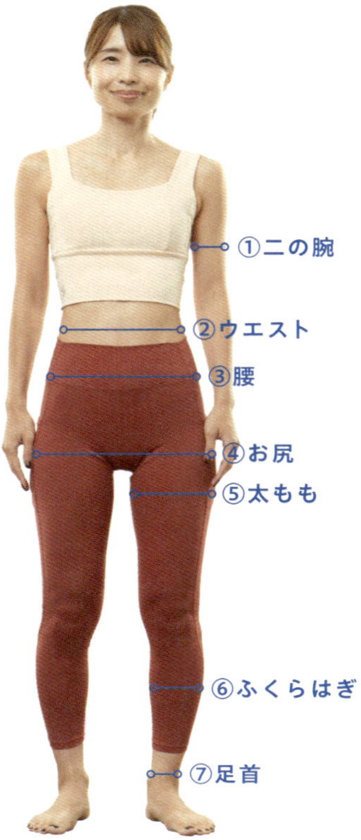
①二の腕
②ウエスト
③腰
④お尻
⑤太もも
⑥ふくらはぎ
⑦足首

全部で7カ所のパーツを測る！

写真撮影と一緒に、体の各パーツのサイズもメジャーで測ってメモしておきましょう。

①二の腕
肩とひじの真ん中あたりで1周測る。

②ウエスト
おへそから指3本分上の位置で1周測る。

③腰
腰骨の一番上を通るように1周測る。

④お尻
一番膨らんでいる位置で1周測る。

⑤太もも
太もものつけねから指3本分下の位置で1周測る。

⑥ふくらはぎ
ひざと足首の真ん中あたりで1周測る。

⑦足首
内くるぶしの上を通るように1周測る。

メジャーをマスキングテープで固定して測る！

二の腕は自分では測りづらいパーツですが、マスキングテープで固定すると簡単です。メジャーの「0」の位置が自分で見えるようにマスキングテープで固定したら、そのまま二の腕に巻きつけて測ります。

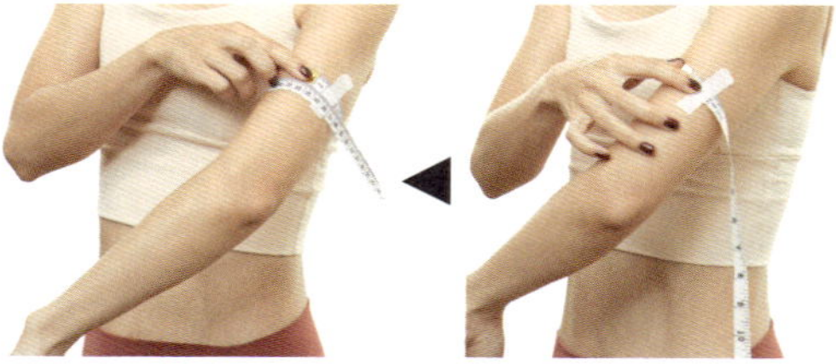

測るときは同じ時間、同じ服装で！

脚は左右どちらかに決めて測定する

ギュッと巻きつけず、実寸を計測！

「壁立ち」で姿勢を確認しましょう！

「壁立ち」でウエストの後ろに手が何枚入るかチェックする

アラフォーママはまず第一に、崩れた姿勢を整えないとやせません！ 理想的な姿勢では、壁立ちしたときに壁と腰とのすき間に、手がぎりぎり１枚入ります。

壁立ち＝壁に背中をつけて立つこと

理想的な姿勢はこちら！

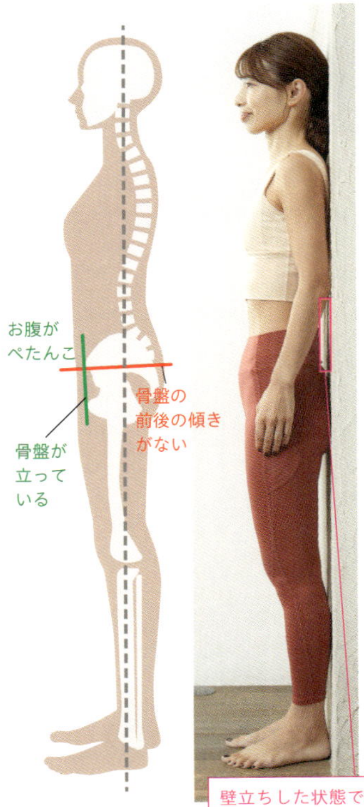
お腹がぺたんこ
骨盤の前後の傾きがない
骨盤が立っている

壁立ちした状態で、ウエストの後ろと壁の間に手を入れてみて「手が何枚入るか」を確認！

理想的な姿勢じゃなかった人は次ページで問題点をチェック！

壁立ちのやり方

1 下半身を壁につける

かかと、ふくらはぎ、お尻の順に壁につけていく。

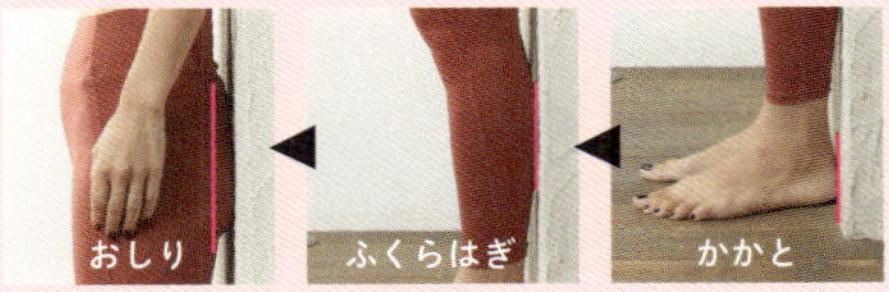
おしり
ふくらはぎ
かかと

ADVICE

お尻が大きい人はかかとは壁から離す！

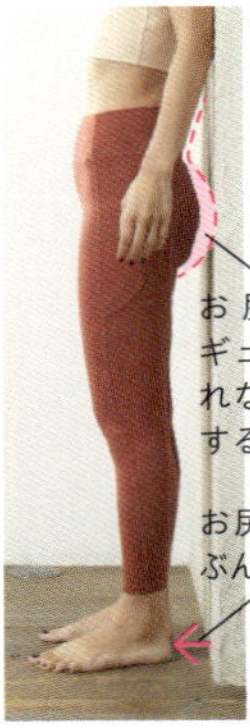
お尻は壁でギュッとつぶれないようにする
お尻の厚みのぶん壁から離す

お尻が大きめの人は、壁でお尻がギュッとつぶれないことを優先して、立つ位置を少し前に調整してください。

2 上半身を壁につける

続いて上半身は肩と後頭部を壁につける。肩はぐるっと回してから壁につける。

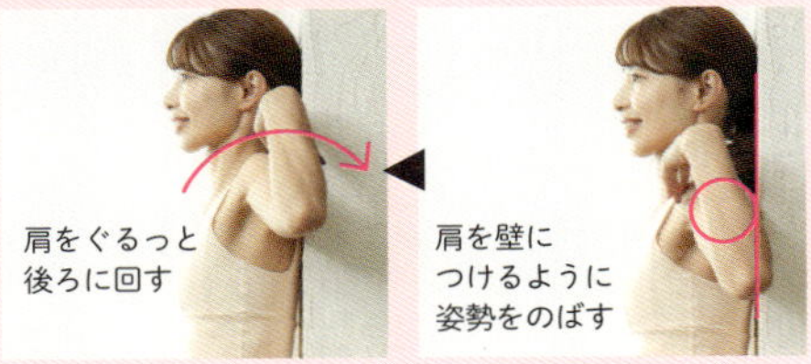
肩をぐるっと後ろに回す
肩を壁につけるように姿勢をのばす

あなたの姿勢丸わかりチェック表

4タイプのうち、どれに当てはまるかを確認する

今の姿勢の問題点をチェックしましょう！　大きく以下の4つのタイプに分かれます。**どのタイプかによって今の見た目の特徴と体のトラブル、そして「ムダ肉」がつきやすい場所（＝鍛えるべき場所）がわかります。**

1 軍人タイプ

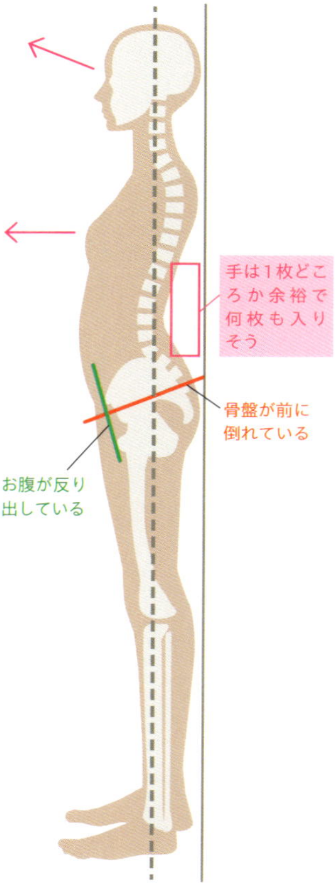

手は1枚どころか余裕で何枚も入りそう
骨盤が前に倒れている
お腹が反り出している

軍人タイプの特徴

首が太い／ブラジャーの下に肉が溜まりやすい／二の腕、背中がたくましい／反《そ》り腰／お腹が反り出した「幼児体型」／骨盤の幅が広い／お尻の下側が大きい／お尻を突き出して歩いている／前もも、外ももの張り出しが目立つ／自律神経が乱れやすい

2 やや軍人タイプ

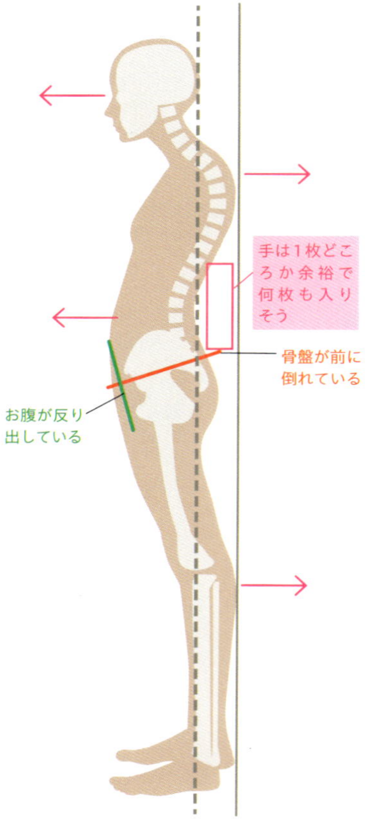

手は1枚どころか余裕で何枚も入りそう
骨盤が前に倒れている
お腹が反り出している

やや軍人タイプの特徴

顔が上に向きがち／首が太い／背中の肉が目立つ／二の腕がたるんでいる／くびれはあるが、骨盤の幅が広い／お腹が反り出した「幼児体型」／お尻の下側が大きい／前もも、外ももの張り出しが目立つ／ひざ上に肉が溜まっている／腰痛になりやすい

❶、❷のタイプの人は反り腰さん。❸、❹の人は猫背さんと呼ばれる方々です。バランスボールエクササイズではこのような骨盤の歪みによる姿勢の崩れを整えながら、たるんだ体型を引き締めていきます！

❹ フラットバック

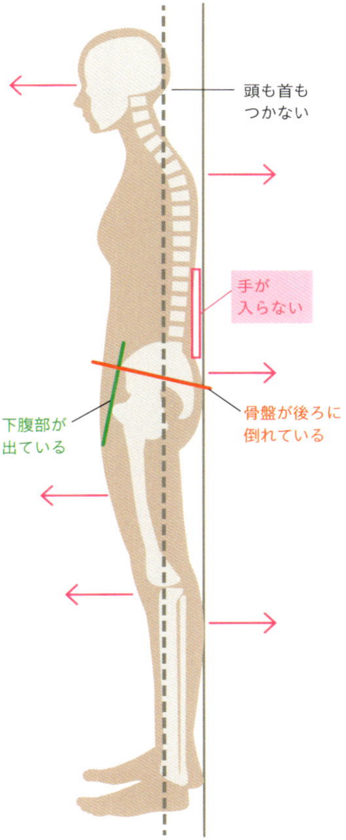

頭も首も
つかない
手が
入らない
下腹部が
出ている
骨盤が後ろに
倒れている

フラットバックの特徴

顔が体より前に出ている／もっこりとした肩＆背中／二の腕がたるんでいる／下っ腹がぽっこりと出ている／太ももとお尻の境目がない「ピーマン尻」／垂れ尻／骨盤の下あたりを触ると骨が出ている／ひざ上がたるんでいる／脚に筋肉がなく細い

❸ スウェイバック

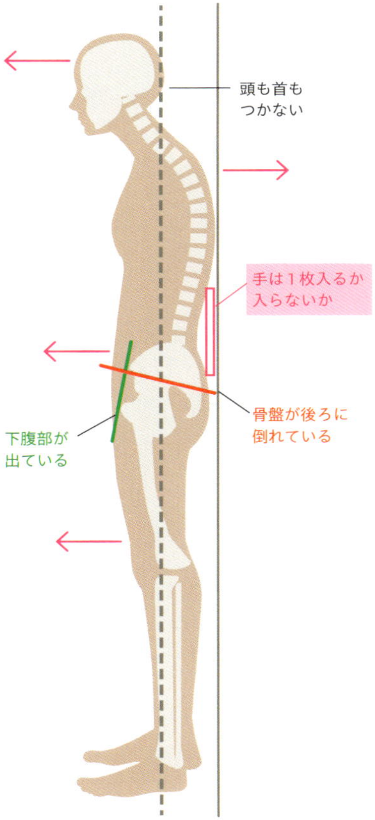

頭も首も
つかない
手は1枚入るか
入らないか
骨盤が後ろに
倒れている
下腹部が
出ている

スウェイバックの特徴

フェイスラインがたるんでいる／スマホを見る時間が長い／肩がもっこりしている／二の腕がたるんでいる／下腹部がぽっこり出ている／太ももとお尻の境目がない「ピーマン尻」／骨盤の下の骨が出っ張っている／ひざ上がたるんでいる／脚は意外と細い

Step2

バランスボールを準備しましょう！

必要なアイテムをそろえましょう。
「どんなバランスボールでもいいの？」「空気はパンパンに入れるの？」といった、
バランスボール初心者の方の疑問点も丁寧に解説していきます！

準備 1

バランスボールの選び方

☑ 直径 55cmのボールを選ぶ

アラフォーママにおすすめのサイズは、直径 55cmのもの。身長が 150 ～ 170cm くらいまでの方なら、ボールの直径は膨らませ方で調整できます。

Gymnic FitBall ギムニクプラス
（パールホワイト）

GymnicPlus55
（レッド）

ADVICE

いろんなメーカーのバランスボールがありますが、私のおすすめはギムニク（Gymnic）です。跳んだときの弾力性、安全性もパーフェクト！　本書で使っているのもこちらです。

バランスボールの膨らませ方

☑ 空気は専用のポンプで入れる

ボールにある穴に**ハンドポンプの先端を差し込んで空気を入れて**いきます。

空気の入れ方

これもトレーニングの1つだと思って、ひたすら入れましょう！

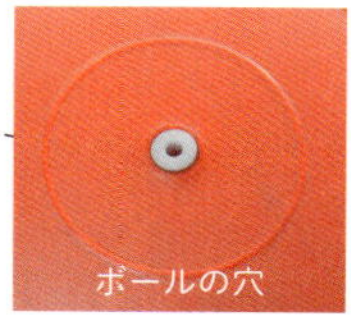
ボールの穴

使い始めはボールのゴムが固いので、空気が入りづらい場合は無理やり入れず、使いながら空気を追加するようにしましょう。

用意するもの

ギムニク(Gymnic)
ハンドポンプ ダブル
アクションポンプ
バランスボール用

ハンドポンプ

押しても引いても空気が入るタイプや電動タイプがおすすめ。

☑ 身長に合わせて大きさを調整する

バランスボールは 55㎝を使いますが、**身長によって膨らませるサイズを調整**します。

NG

開きすぎ

ひざ裏が開きすぎる場合は空気を入れて、もう少しボールが大きくなるように調整しましょう。

OK

90 ～ 100 度

ボールに座ってひざより前に足を出します。ひざ裏の角度が 90 ～ 100 度になる状態がベスト。

一緒にそろえたい！ ヨガマットについて

バランスボールを行うときは、床にヨガマットを敷きます。跳ぶときの**足裏のすべり止め**のほか、床に座ったり寝転んだりする動きもあるので、体が痛くないように**厚め、長め**がおすすめです。

足腰への負担を減らし、安全に跳びましょう！

Step 3

バランスボールに座ってみましょう！

ボールに座って跳ぶときに大切なのが姿勢です。
ポイントは「脚の開き方」「骨盤の角度」「肩の位置」！
それぞれのポイントを見ていきましょう。

ポイント1

脚の開き方について

☑ 両脚は肩幅より開く！

まずボールの下にマットを敷いて、ボールの上に座ります。**脚を肩幅よりも少し大きく開いたら**、ボールと足のかかとの距離が近くなりすぎないように、**足を1歩前に出して座ります。**

横
かかとはボールに
つけず1歩前に

かかとがひざよりも前になるように、足を1歩前に出して座ります。

正面
太もものつけね
から脚を開く
つま先は少し
外側に向ける

両脚を肩幅よりも大きく開いた状態が基本姿勢。つま先は少し外側に向けます。

猫背にならない
ように注意
かかとは
つけない

NG

かかとはボールにつけない

かかとがボールについた状態だと姿勢が悪くなり、跳んだときにひざにも負担がかかるのでNG。

ポイント 2

骨盤の角度について

☑ 骨盤はまっすぐ立てる！

骨盤をまっすぐボールに突き刺すようなイメージで、骨盤の前後を手で触って確認しながら座りましょう。

下腹部に手を当てる
骨盤を立てる
お尻の上に手を当てる

NG

反《そ》り腰にならない

反り腰
お腹ぽっこり

骨盤が前に倒れていると、反り腰になり、腰にも負担がかかってしまうのでNG。

猫背にならない

猫背
下腹部ぽっこり

骨盤が後ろに倒れていると、猫背になり、内臓にも負担がかかる姿勢なのでNG。

肩の位置について

肩は上半身の一番後ろの位置をキープ！

肩の理想的な位置は上半身の一番後ろの位置です。跳ぶ前に正しい位置に戻してあげましょう。姿勢の矯正とともに、トレーニングの効果も出やすくなります。

正しい姿勢を体に
覚え込ませましょう！
肩は上半身の
一番後ろ
美やせポイント
お腹にグッと力を入れる
キレイな姿勢が
キープできる！

肩が前に
入っている
姿勢が
崩れて
猫背に…
お腹に力が
入っていない

「巻き肩」にならない NG

お腹に力を入れずに座ると肩が前に入った「巻き肩」で猫背になりがち。お腹にしっかり力を入れて、肩を後ろに引き下げましょう。

正しい肩の位置への戻し方レッスン

1 両手を前に出す

「前ならえ」のポーズです
上げる

両手を前に出し、肩の高さまで上げる。

2 両手を真上に上げる

耳の後ろまでグッと引きます
上げる

両手を耳の後ろまで上げる。

返す
手のひらは外側を向くように！

両手を上げたまま、手のひらをクルッと返す。

3 肩を後ろに回す

指先はピンとのばして、体の遠くを通るイメージで！
回す

肩を後ろに大きく回し、手をゆっくりと下げていく。

4 両手を下ろす

肩の力を抜いてストンと下げましょう！
下げる

体の側面に添えるように手を下ろす。

Step4

バランスボールで跳んでみましょう！

基本姿勢を整えたら、さっそくポンポンと跳んでみましょう！
跳ぶときに意識したい４つのポイントを紹介します。

ポイント１

高さは意識せず、笑顔で跳ぶ

☑ お尻がボールから離れなくてもOK

最初はお尻とボールが離れなくても問題ありません。**お尻をボールに「グッ、グッ」と押しつけるようなイメージ**で跳びましょう。**跳ぶときは口角を上げて笑顔**で、幸せホルモン「セロトニン」(p.74) の分泌も促進されます。

基本の跳び方

1 お尻をボールに押しつける

美やせポイント
笑顔で跳ぶ
押しつける
手は太もものつけねに添える
かかとはマットにつける

基本姿勢で座り、ボールにお尻を押しつけるように跳び始める。

2 上に跳ぶ

浮く
ひざを軽く使う

ボールに押し返される反動で跳ぶ。最初はお尻がボールから離れなくても OK。

ADVICE

慣れてくるとお尻とボールが自然と離れるようになってきます。離れるようになってくると心拍数も上がり、血流もよくなって、有酸素運動としての効果が高まりますよ！

息は止めずに「鼻呼吸」を繰り返す

鼻から吸って、口から吐く「鼻呼吸」を繰り返します。鼻から吸うときは口は軽く閉じた状態で。ポカンと口を開けているとほうれい線や口臭の原因にもなるので注意しましょう。

正しい「鼻呼吸」のやり方

鼻から
息を吸って～
スゥー
口は軽く閉じた状態
胸が膨らむように意識
美やせポイント
お腹は膨らませず、グッと力を入れた状態をキープ

1 鼻から吸う

軽く息を「フゥー」と吐き出してから、鼻で大きく息を吸い込む。

口から
吐いて～
フゥー
口は大きく開けない
胸がへこむように意識
美やせポイント
お腹が固くなっているのを感じたらOK!

2 口から吐く

口から大きく息を吐き出す。

ポイント 3

お腹にグッと力を入れる！

お腹に壁をつくるようなイメージで力を入れる

基本姿勢と呼吸法に慣れてきたら、**今度はお腹に意識を向けて**いきましょう。体の中心、**恥骨《ちこつ》からみぞおちの間に「腹直筋《ふくちょくきん》」というお腹の筋肉**があります。ここを**立てるようなイメージでグッと力を入れて**跳んでみましょう。

お腹への力の入れ方

1 お腹（腹直筋）に力を入れる

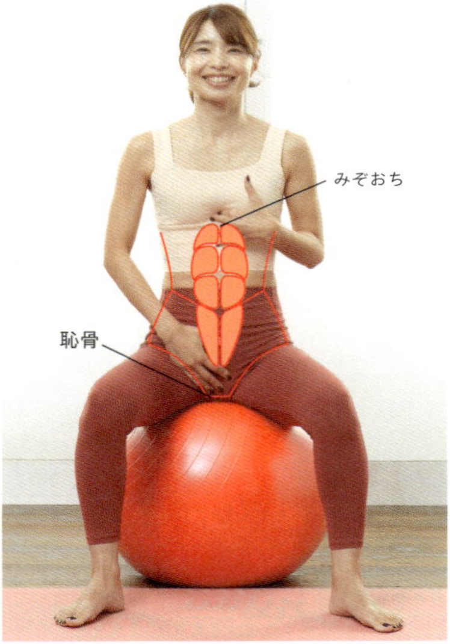

恥骨とみぞおちに手を当てて、腹直筋の位置を意識する。

2 お腹（腹直筋）に力を入れたまま跳ぶ

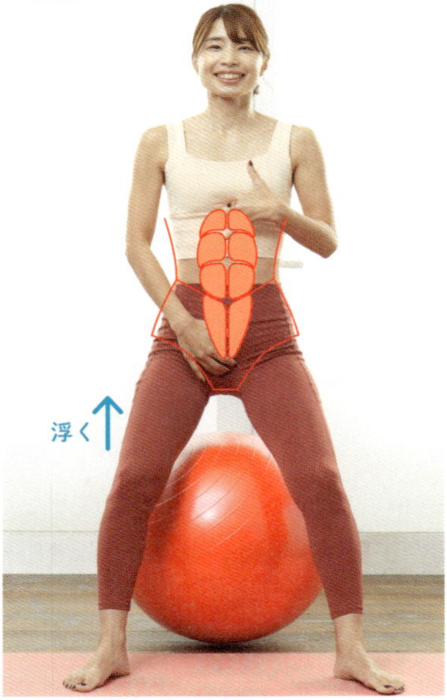

お腹にグッと力を入れた状態をキープ。ときどき腹直筋を触りながら、固くなっているか確認しながら弾む。

腹直筋を意識して跳ぶと、自分の体の軸（体幹）がわかるようになって「弾み」が安定してきます！

足踏みにトライする！

☑ お尻が上がるときに**一緒に足を上げる**

左右の足を交互にマットから離し、足踏みしながら跳んでみましょう。下の写真のように、**お尻が上がるときに足も上げるようなイメージ**です。

足踏みの仕方

1 お尻が浮いたときに左足を上げる

フワッフワッと上に浮くように！
上げる
浮く
かかとはマットにつけたまま

ボールからお尻が浮いたときに、左足を上げる。

2 お尻が浮いたときに右足を上げる

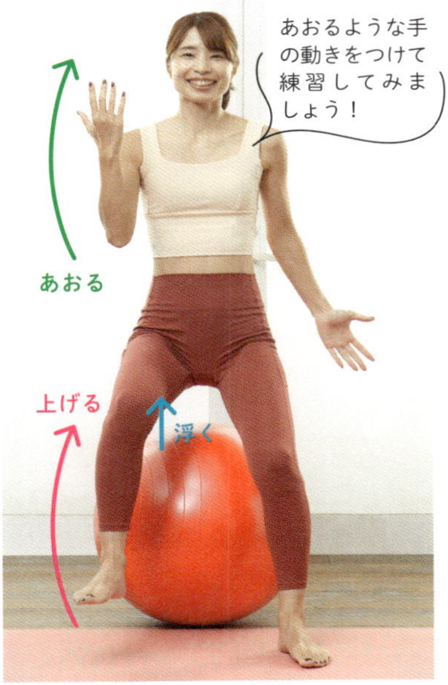
あおるような手の動きをつけて練習してみましょう！
あおる
上げる
浮く

続いて同様に、ボールからお尻が浮いたときに、右足を上げる。

ドンッ
浮いていない

マットに「ドン、ドン」と足をつかない NG

お尻が上がるタイミングで足を上げないとマットに「ドン、ドン」と足を叩きつけるような動きになってしまいます。ひざに負担がかかるので注意。

Column

音楽を聴く派？ 聴かない派？
音楽に合わせて跳ぶ理由

みなさんはトレーニングをするとき、音楽を聴きながら行う派ですか？　それとも聴かないで黙々と行う派ですか？　私が主宰する「美やせプログラム」のバランスボールエクササイズでは、音楽に合わせてポンポンと跳んでいます。音楽をかけて行うのにはちゃんと理由があって、バランスボールは「あるリズム」に合わせて行うと、その効果がアップするからなんです。

その鍵となるのが、「BPM《ビーピーエム》」という、音楽の速さを決定する要素です。低いBPM（たとえば60～80程度）の音楽はゆったりとしたリズムで、体をリラックスさせる効果があり、高いBPM（たとえば120以上）の音楽はアップテンポで、エネルギッシュな気持ちにさせてくれます。

このBPMが大切で、バランスボールに合う音楽は「BPM100前後」くらい。これは一般的なポップ音楽によく使われるリズムで、リズム感を刺激し、より楽しく感じられるといわれています。本書の動画も音楽つきですが、跳ぶことに慣れてきたら、今度は音楽をBPM100前後で検索してみて、好きな音楽で跳んでみるのもおすすめですよ！

LESSON 2

ママの悩みを解消する
産後リセットプログラム

「産後も戻らない体重」「たるんだお腹」……といった、産後の体型の悩みだけでなく、頭痛や肩こり、腰痛といったマイナートラブルもまるっと解消！すき間時間で楽しく行える、ママの救世主的プログラムです。

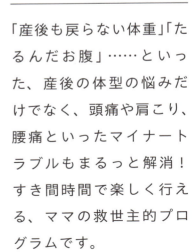

産後ダイエットに必要なのは、体だけでなく心もケアすること！

「お腹を凹ませるために腹筋だ！」「ストレッチするとやせると聞いたから！」「有酸素運動を20分やると脂肪燃焼効果があるらしい！」――。何がなんでもやせたいと思ったときって、みんな必死。だから、有力そうな情報を手当たり次第に集めては、とにかくなんでも試しがちですよね？　もちろん情報を集めること自体、間違いではないのですが、「美やせ」をゴールとしたバランスボールダイエットでは、一旦その「やらなきゃ！」と焦る気持ち、結果を早く求める気持ちは、どこかに置いてください！

ママって本当にやることが多くて、毎日フル稼働。そこに「やせなきゃ！」「早く、早く！」と焦ることは、自分を苦しめるだけ。苦しいことって続きませんよね？　「ダイエットをしても続かない」「結果が出ない」経験があるみなさん。あなたが悪いのではなく、楽しくないからだと結論づけましょう。

バランスボールは、やってみたらわかります。とにかく楽しいんです！　そして、「有酸素運動」「筋トレ」「ストレッチ」の３つの動きが全部バランスボール１つで叶います。ゆる〜くたるんだ筋肉には「筋トレ」、固〜く張った筋肉をほぐすには「ストレッチ」、体力がなくて疲れやすいし寝ても寝ても眠い、そんな体には「有酸素運動」を取り入れたプログラムを実践してみてください。

体をいじめるのではなく、体をケアしてあげる。姿勢を整え、呼吸を整え、その時間が楽しいとちゃんと感じる。それが産後ママが「美やせ」を叶えることへの近道です。ひとまず理屈や結果は置いておいて、バランスボールでポンポンと跳んで、一緒に楽しみましょう（でも安心してくださいね、結果にもちゃんと表れますから♡）。

産後リセットプログラム1

崩れた姿勢を美姿勢へ

有酸素運動

5 min

体幹力を上げる ウォーキング

＼動画はこちら！／

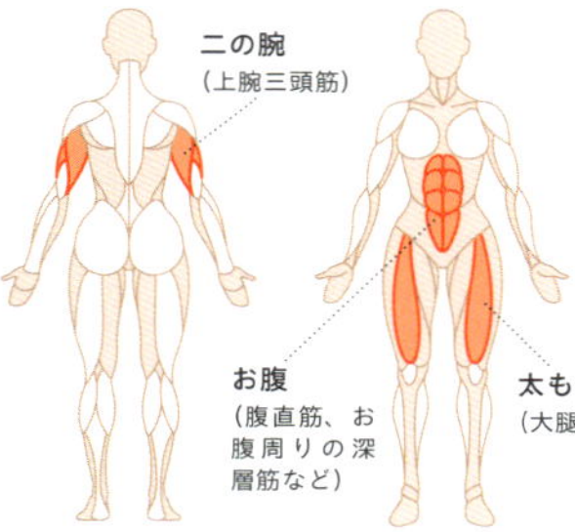

二の腕
（上腕三頭筋）
お腹
（腹直筋、お腹周りの深層筋など）
太もも
（大腿四頭筋）

ここに効く！

ボールの上でウォーキングするイメージです。上半身がグラつかないように跳んで、体幹を鍛えましょう。

1 左脚を上げて、右腕を後ろに引く

左脚を上げたタイミングで右腕を後ろに引くように腕を振り、リズム表に合わせて跳ぶ。

腕は大きく後ろに振る
引く
上げる

横から見たところ

90度くらいになるように大きく振る
引く
上げる

プログラムの流れ

- 5 min 有酸素運動 ウォーキング
- チャレンジ！ 3.5 min 有酸素運動 足先タッチ （p.48）
- 3.5 min ストレッチ 胸＆背中ほぐし （p.50）
- チャレンジ！ 2 min ストレッチ ブリッジ （p.52）

＼フルバージョン動画はこちら！／

ねらい

有酸素運動
体幹力を高め、美姿勢をキープする力を鍛える。

ストレッチ
上半身の筋肉をほぐし、柔軟性を高める。

リズム表に合わせて動作をチェック！

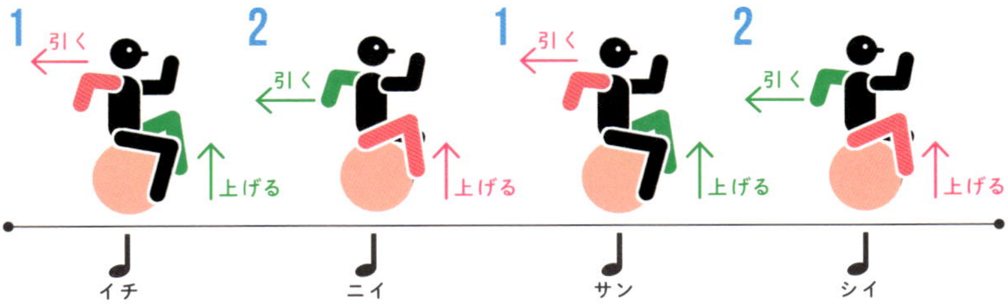

1
引く
上げる
2
引く
上げる
1
引く
上げる
2
引く
上げる
イチ
ニイ
サン
シイ

ADVICE

グラついても踏ん張ること！

上半身がグラついてきても、お腹にしっかりと力を入れ続けて跳びましょう。肩は上がらないようにリラックスした状態をキープ。

2 右脚を上げて、左腕を後ろに引く

1と同じように、今度は右脚を上げたタイミングで左腕を後ろに引くように腕を振り、リズム表に合わせて跳ぶ。

効く！
下腹部にグッと力が入っていたら体幹に効果あり！
脇は締める
引く
上げる

横から見たところ

引く
上げる

チャレンジ！

有酸素運動

3.5 min

体幹力をさらに上げる

足先タッチ

動画はこちら！

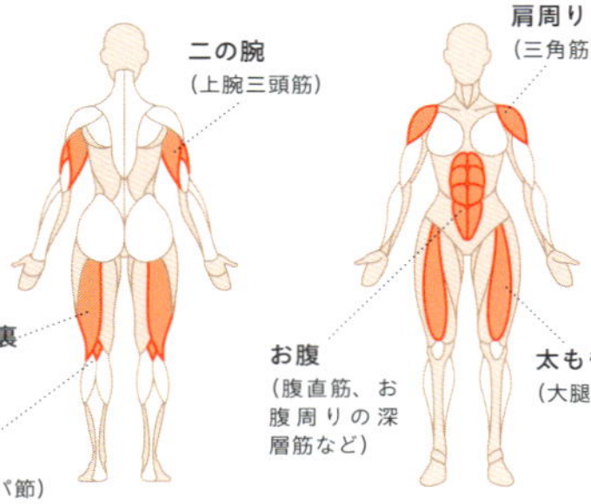
二の腕
（上腕三頭筋）
太ももの裏
（ハムストリングス）
ひざ裏
（膝窩《しっか》リンパ節）
肩周り
（三角筋）
お腹
（腹直筋、お腹周りの深層筋など）
太もも
（大腿四頭筋）

ここに効く！

ウォーキング（p.46）に足先をタッチする動きをプラス。さらにグラつきやすくなるので、がんばって跳びましょう。

タッチ
つま先にタッチできなくてもOK！
キック

1 右足の先を右手でタッチする

リズム表に合わせてウォーキング（p.46）しながら、「シイ」のときに右脚を上げて、右手で足先をタッチする。

横から見たところ

背中はまっすぐ
タッチ
キック

NG
前傾にならない
グラ
グラ

背中は曲げない

背中は前傾にならないように、お腹に力を入れてまっすぐをキープ。

リズム表に合わせて動作をチェック！

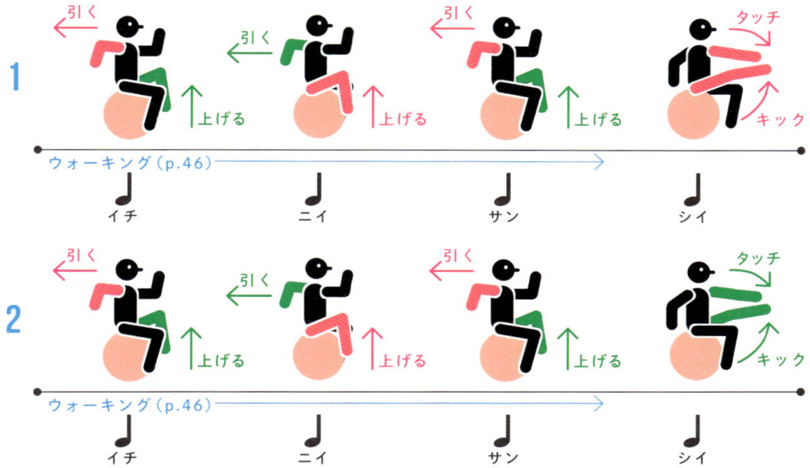
1
引く
上げる
引く
上げる
引く
上げる
タッチ
キック
ウォーキング（p.46）
イチ
ニイ
サン
シイ
2
引く
上げる
引く
上げる
引く
上げる
タッチ
キック
ウォーキング（p.46）
イチ
ニイ
サン
シイ

2 左足の先を左手でタッチする

1と同じように、リズム表に合わせて、今度は左脚を上げて、左手で足先をタッチする。

タッチ
効く！
下腹部にグッと力が入っていたらOK！
キック

横から見たところ

タッチ
キック

ADVICE
1と2、3と4をそれぞれ1セットとして、各30秒×4回ずつ行いましょう！

ストレッチ

3.5 min

上半身をゆるめる
胸＆背中ほぐし

動画はこちら！

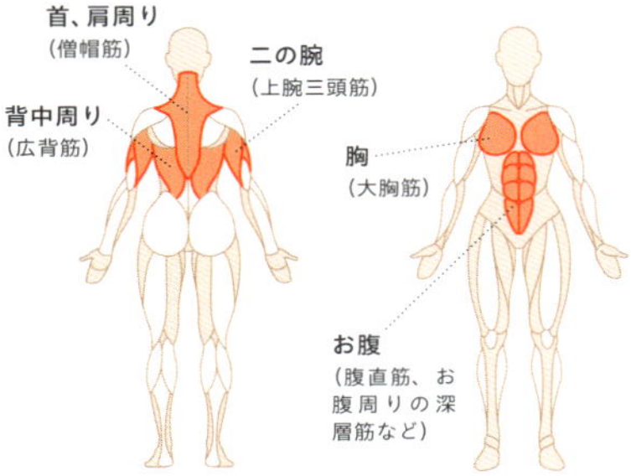
首、肩周り
（僧帽筋）
二の腕
（上腕三頭筋）
背中周り
（広背筋）
胸
（大胸筋）
お腹
（腹直筋、お腹周りの深層筋など）

ここに効く！

有酸素運動で使った胸と背中周りの筋肉を、ストレッチでしっかりゆるめていきましょう。

大きく息を吸って～
スゥー

1 手を胸の前で組む

手を胸の前で組み、大きく息を吸う。

グーッ
のばす
フゥー
効く！
背中が気持ちよく感じるところまでのびていたらOK！
体と両手で上体を引き合うようにグーッとのばしましょう！

2 手を前にグーッとのばす

大きく息を吐きながら、手を前に引いてのばす。

大きく息を吸って〜
スゥー

3 手を背中の後ろで組む

今度は手を背中で組み、大きく息を吸う。

呼吸は深く、ゆっくりと繰り返しましょう！
フゥー
効く！
胸は高く突き上げるようなイメージで、気持ちよくのびていたらOK！
グーッ
のばす

4 背中を反らして手をのばす

大きく息を吐きながら、手を後ろに引いてのばす。

チャレンジ！

ストレッチ

2 min

上半身を大きくゆるめる
ブリッジ

動画はこちら！

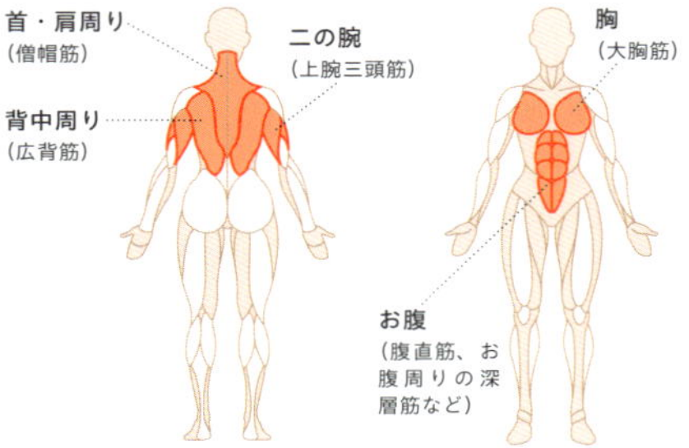
首・肩周り
（僧帽筋）
背中周り
（広背筋）
二の腕
（上腕三頭筋）
胸
（大胸筋）
お腹
（腹直筋、お腹周りの深層筋など）

ここに効く！

ボールの上に上体をあずけて、バンザイ＆ゴロゴロの動きです。上半身の筋肉を大きくゆるめます。

両手は腰の後ろ
お尻はつけない

1 ボールを腰に当ててしゃがむ

マットの上に両足をそろえてしゃがんだら、腰にボールを当てて両手で支える。

2 ボールの上でブリッジ

大きく息を吐きながら、ボールの上に背中をあずけるようにしてお尻を上げ、「ブリッジ」の形を作る。

3 手を上げる

呼吸を止めずに、鼻から息を吸いながら、両手を上げる。

4 手を下げる

口から息を吐きながら、大きな円を描くように胸を開き、そのまま手を下げる。

産後リセットプログラム2

腹&二の腕の「ムダ肉」を引き締めてスッキリ

プログラムの流れ

2.5 min　筋トレ　ボール上げ腹筋

5 min　有酸素運動　ハンズクラップ （p.56）

フルバージョン動画はこちら！

ねらい

筋トレ
お腹（腹直筋）を鍛える。

有酸素運動
二の腕を引き締めながら肩こりにもアプローチする。

筋トレ

2.5 min

腹筋のタテ線をつくる

ボール上げ腹筋

動画はこちら！

ADVICE
まずは時間は気にせず、10回を目標に！

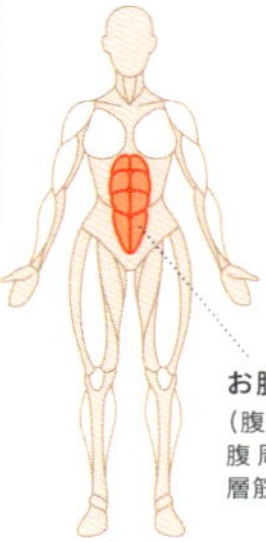
お腹
（腹直筋、お腹周りの深層筋など）

ここに効く！

両脚でボールをはさみ、ひざを曲げた状態で持ち上げたら、そのまま上体を起こして腹筋をします。

1 マットに寝転び、両脚でボールをはさんで持ち上げる

マットにあお向けに寝転び、両脚でボールをはさんで持ち上げる。手を恥骨《ちこつ》とみぞおちに当て、そのまま一度大きく息を吸う。

スゥー
みぞおち
恥骨

2 上体を起こすように腹筋をする

息を長く吐きながら、恥骨とみぞおちの間を縮めるようなイメージで、上体を起こすようにして腹筋をする。

起こす
フゥー
効く！
恥骨とみぞおちの間を触ってみて、固くなっていたら効いている証拠！

ADVICE

最初は上体を起こさなくても OK！

腹筋が弱い人は、2のように上体を起こさなくて大丈夫です。1でボールを上げたら、お腹にギュッと力を入れた状態で呼吸だけを繰り返しましょう。くれぐれも無理をして首を痛めないように！

有酸素運動

5 min

二の腕を引き締める ハンズクラップ

動画はこちら！

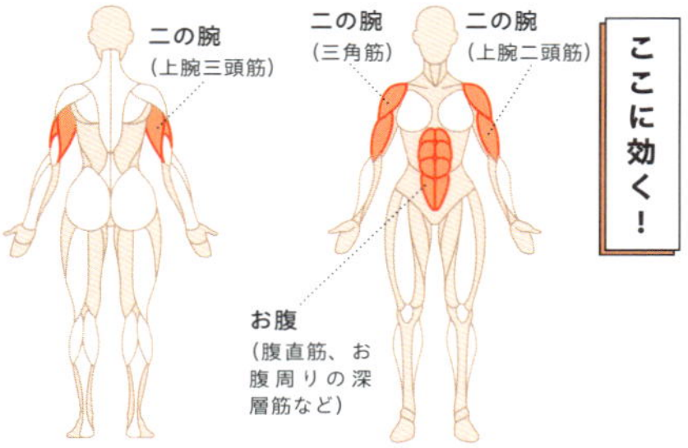
二の腕
（上腕三頭筋）
二の腕
（三角筋）
二の腕
（上腕二頭筋）
お腹
（腹直筋、お腹周りの深層筋など）
ここに効く！

ボールで跳びながら、腕を上下、前後に上げて手を叩きます。脇の下の血流とリンパの流れがよくなる動きです。

リズム表に合わせて動作をチェック！

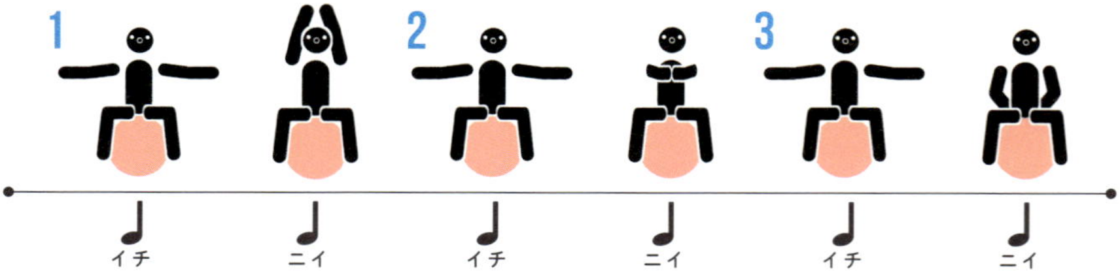
1
2
3
イチ
ニイ
イチ
ニイ
イチ
ニイ

パチン！
上で叩く
肩関節から
しっかりと動かす

頭の上で手を叩く 1

リズム表に合わせて跳びながら、両手を大きく開き、頭の上で手を叩く。

肩と同じ高さまで上げる

2 胸の前で手を叩く

リズム表に合わせて跳びながら、今度は胸の前で手を叩く。

効く！
腕がツラくなってきたら効いている証拠！

前で叩く
パチン！

3 背中の後ろで手を叩く

リズム表に合わせて跳びながら、今度は背中の後ろで手を叩く。

後ろで叩く
パチン！

後ろから見たところ

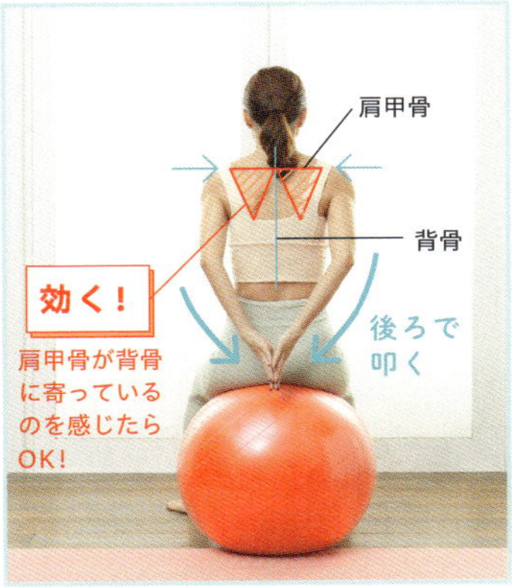

肩甲骨
背骨
効く！
肩甲骨が背骨に寄っているのを感じたらOK！
後ろで叩く

NG
前傾にならない
グラ
グラ

背中は曲げない

後ろで手を叩くときも背中はまっすぐの状態に。肩甲骨を中央に寄せることを意識して叩きましょう。

産後リセットプログラム3

たるみ「内もも＋α《アルファ》」を効率よく引き締める

有酸素運動

3 min

「内もも＋二の腕」の引き締め

スキーヤー腕振り

動画はこちら！

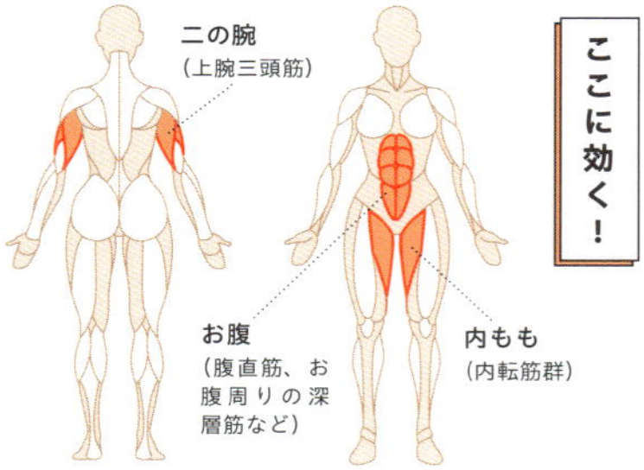

二の腕
（上腕三頭筋）
ここに効く！
お腹
（腹直筋、お腹周りの深層筋など）
内もも
（内転筋群）

ひざをそろえて跳ぶことで、内ももをシェイプ。スキージャンプのような動きで、二の腕も引き締めましょう。

リズム表に合わせて動作をチェック！

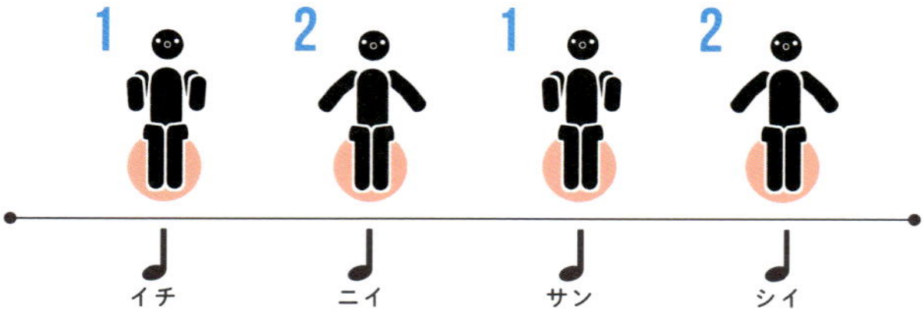

1
2
1
2
イチ
ニイ
サン
シイ

1 脚を閉じ、脇を締めて跳ぶ

リズム表に合わせて、脚は閉じた状態でひじを曲げ、手はグーにして跳ぶ。

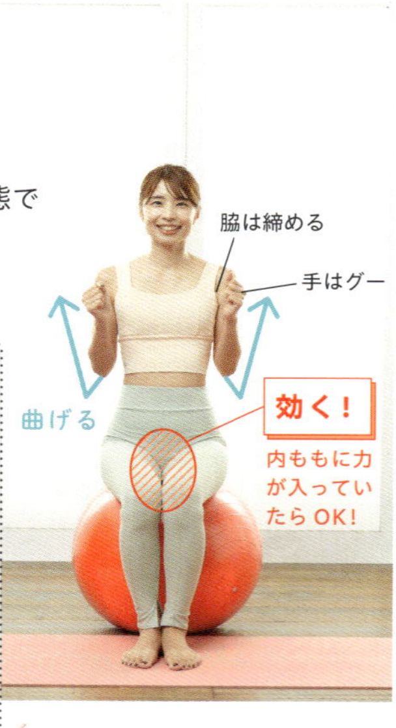

脇は締める
手はグー
曲げる
効く！
内ももに力が入っていたらOK！

ADVICE

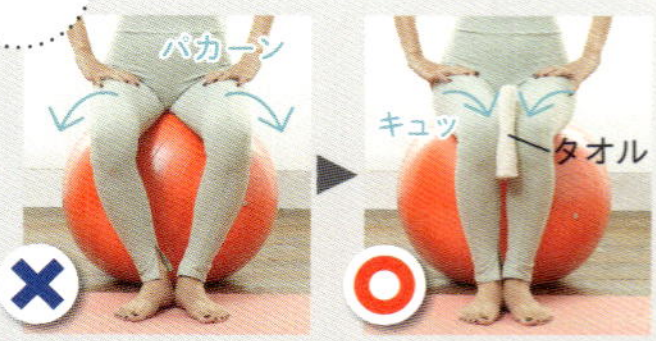

パカーン
キュッ
タオル

脚が開いてくるならタオルをはさむ

跳んでいるうちに脚が開いてきてしまう場合は、両ひざの間にタオルをはさんで行いましょう。

プログラムの流れ

- 3 min **有酸素運動** スキーヤー腕振り
- チャレンジ！ 3 min **有酸素運動** スキーヤー腕振り＆ツイスト (p.60)
- 3 min **ストレッチ** 肩入れ (p.62)

フルバージョン動画はこちら！

ねらい

有酸素運動
内ももと一緒に、二の腕やウエストも引き締める。

ストレッチ
肩周り、股関節周りの筋肉をゆるめる。

2 脚を閉じ、腕を後ろにピンとのばして跳ぶ

リズム表に合わせて、脚は閉じた状態で手をパーにして、腕を後ろにピンとのばして跳ぶ。

後ろにのばす
手はパー
効く！
下腹部にギュッと力が入っていたらOK!

横から見たところ

後ろにのばす

ADVICE

かかとがつきそうになったら調整する！

跳んでいるうちに、ボールと足の距離が近くなってきてしまうことがあります。跳びづらくなってきたら、足を１歩前に出して調整しましょう。

✕

跳んでいるうちにボールとの距離が近くなってきてしまうことが……。

○

足を１歩前に出して、位置を調整しましょう。

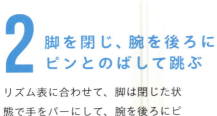

チャレンジ！

有酸素運動

3 min

「内もも＋ウエスト」の引き締め

スキーヤー腕振り＆ツイスト

動画はこちら！

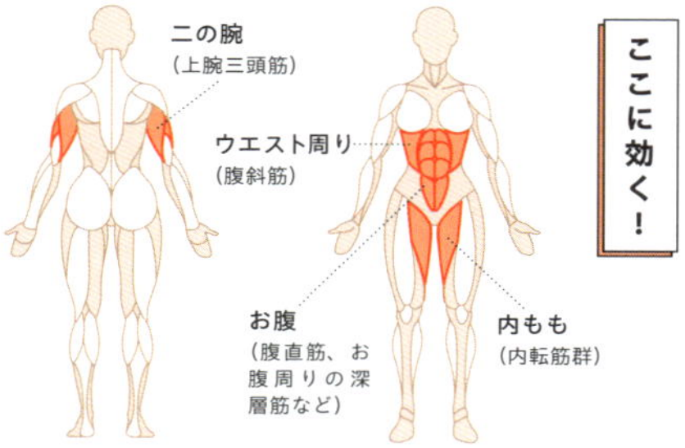
二の腕
（上腕三頭筋）
ウエスト周り
（腹斜筋）
お腹
（腹直筋、お腹周りの深層筋など）
内もも
（内転筋群）
ここに効く！

スキーヤー腕振り（p.58）に、ウエストをひねる動作をプラス。大きくひねることで、くびれの引き締めに効果があります。

リズム表に合わせて動作をチェック！

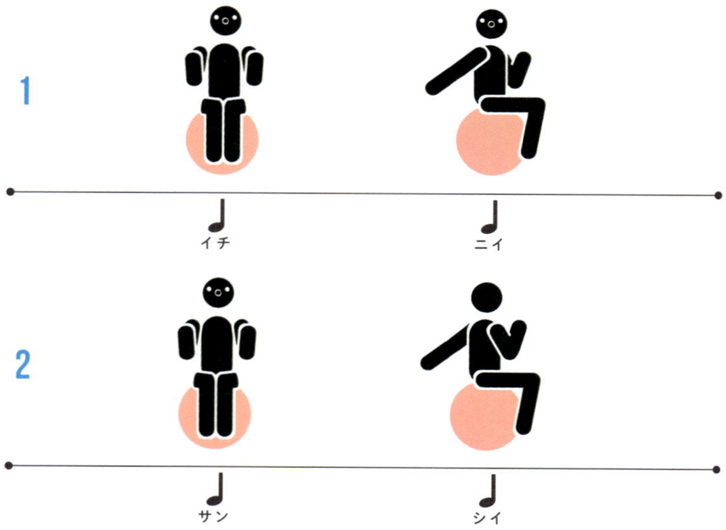
1
イチ
ニィ
2
サン
シイ

ADVICE

最初は腕の動作だけで、顔は正面のままでOK！

ウエストをひねるときに顔も一緒に横に向けると、ウエストへの負荷が高まりますが、その半面グラつきやすくもなります。グラグラするうちは顔は正面のまま、腕だけ動かしましょう！

目線は横へ
効く！
右の脇腹が固くなっていたら効いている証拠！
ひねる

1 右腕を後ろにのばしながら、右側に腰をひねる

リズム表に合わせてスキーヤー腕振りの1（p.58）をしながら、「ニイ」のときに右腕を後ろにのばして右側に腰をひねる。

横から見たところ

後ろにのばす
ひねる

2 左腕を後ろにのばしながら、左側に腰をひねる

リズム表に合わせてスキーヤー腕振り（p.58）をしながら、「シイ」のときに今度は左手を後ろにのばして左側に腰をひねる。

横から見たところ

後ろにのばす
ひねる

目線は横へ
効く！
左の脇腹が固くなっていたら効いている証拠！
ひねる

ADVICE
2と3をそれぞれ30秒ずつキープして、3セット行いましょう！

ストレッチ

3 min

肩周りと股関節をゆるめる
肩入れ

動画はこちら！

ここに効く！

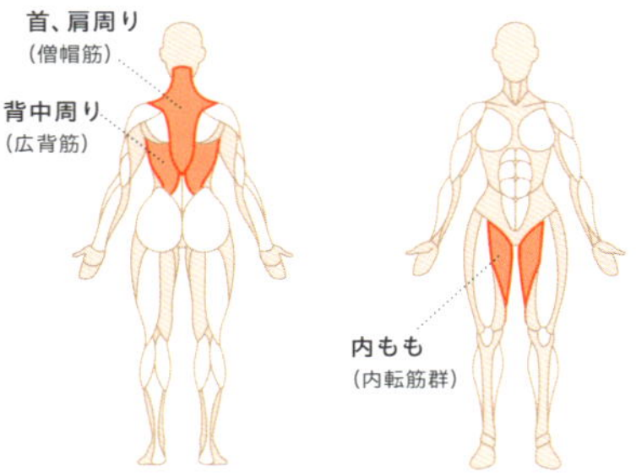
首、肩周り
（僧帽筋）
背中周り
（広背筋）
内もも
（内転筋群）

首、背中周りの筋肉をゆるめるほか、股関節をのばして動きやすく整えます。

1 脚を大きく開いてボールに座る

ボールの上に脚を大きく開いて座る。一度大きく息を吸って背筋をのばす。

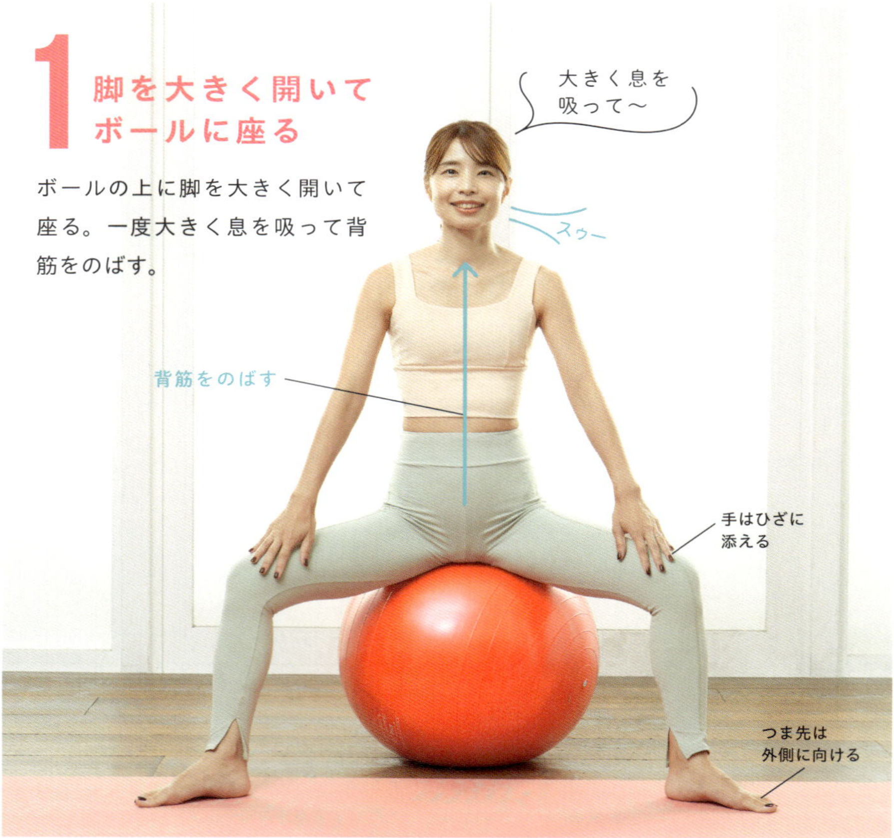
大きく息を吸って〜
スゥー
背筋をのばす
手はひざに添える
つま先は外側に向ける

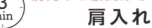

2 左肩を中に入れる

息を吐きながら、左肩を床に沈めるようなイメージでグーッと中に入れる。

3 右肩を中に入れる

一度、1の状態に戻して大きく息を吸う。そのあと2と同じようにして、右肩をグーッと中に入れる。

産後リセットプログラム4

サビつきボディをメリハリボディへ

筋トレ

3 min

内ももにすき間をつくる

ボールツイスト

動画はこちら！

ADVICE
まずは2と3を1セットとして、時間は気にせず10回を目標に！

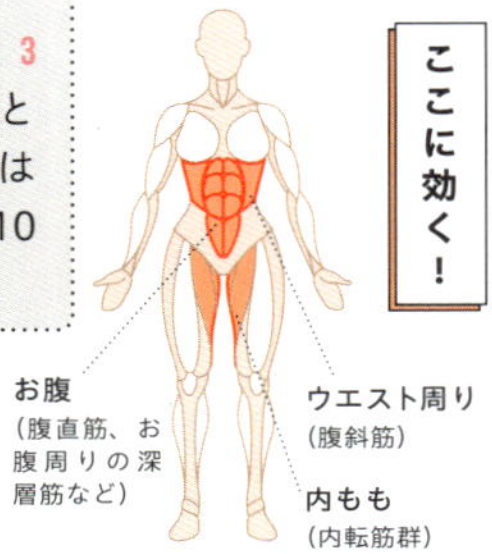

お腹
（腹直筋、お腹周りの深層筋など）
ウエスト周り
（腹斜筋）
内もも
（内転筋群）

ここに効く！

ボールを両脚ではさんだまま、脚をクロスします。股関節を動かしながら、内ももの筋肉を刺激しましょう。

1 両脚でボールをはさむ

マットの上に寝転がり、上体をひじで支えて浮かせる。両脚でボールをはさみ、高く上げる。一度大きく息を吸う。

大きく息を吸って〜
上げる
スウー
上げる

プログラムの流れ

- 3 min 筋トレ ボールツイスト
- チャレンジ！ 3 min 筋トレ ボールツイスト&ニータック（p.66）
- 4 min 有酸素運動 脚パカパカ（p.68）
- チャレンジ！ 5 min 有酸素運動 脚パカパカ&上下バンザイ（p.70）

フルバージョン動画はこちら！

ねらい

筋トレ
股関節を刺激しながら内ももを引き締める。

有酸素運動
たるんだ二の腕、上半身をスッキリさせる。

2 両脚をクロスして ボールを回転させる

深く呼吸を繰り返しながら、脚を上下にクロスする。ボールが落ちないように、右足のかかとと左足の甲で支えて回転させる。

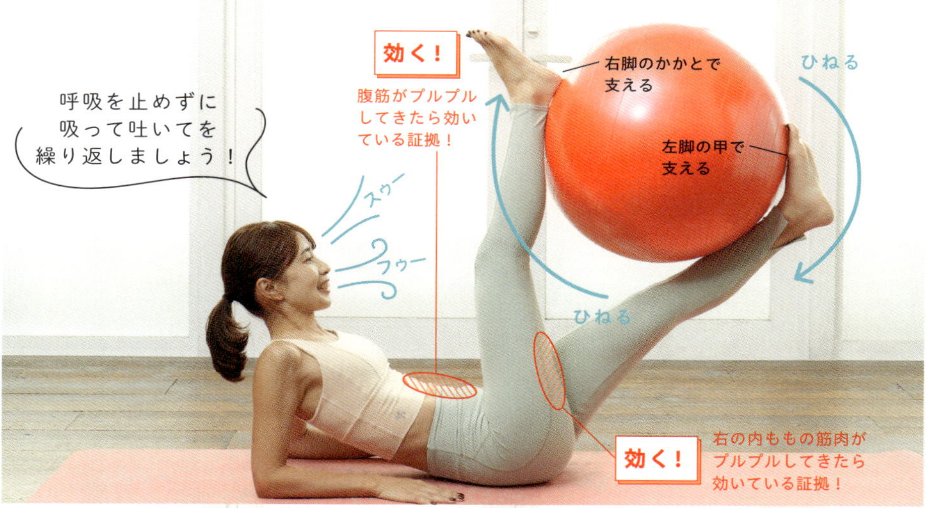

3 両脚をクロスして ボールを回転させる

一度息を吸ったら、2と同じように深く呼吸を繰り返しながら、今度は反対回りに脚をクロスしてボールを回転させる。

チャレンジ！

筋トレ

3 min

美脚＆ぺたんこ腹が叶う

ボールツイスト＆ニータック

動画はこちら！

ADVICE

まずは2と3を1セットとして、時間は気にせず5回を目標に！

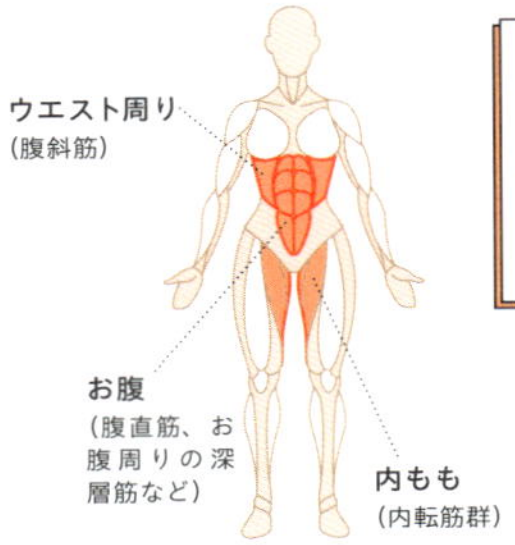
ウエスト周り
（腹斜筋）
お腹
（腹直筋、お腹周りの深層筋など）
内もも
（内転筋群）

ここに効く！

ボールツイスト（p.64）の動きに、ひざを引き寄せる動きをプラス。内ももだけでなく、下腹部も引き締める、腹筋強化メニューです。

1 両脚でボールをはさむ

ボールツイスト（p.64）と同じように、マットの上に寝転がり、上体をひじで支えて浮かせる。両脚でボールをはさみ、高く上げる。一度大きく息を吸う。

大きく息を吸って～
上げる
スウー
上げる

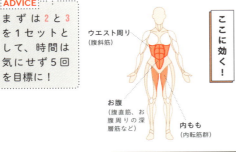

2 両脚をクロスして ボールを回転させる

息を吸いながら脚を上下にクロスして、ボールを回転させる。

まだまだ
吸って〜！
ひねる
スゥー
ひねる

鼻から
吸って〜！
ひねる
スゥー
ひねる

3 両ひざを曲げて ボールを体に引き寄せる

脚を1の状態に戻したら、今度はひざを曲げ、息を吐きながらボールを体に引き寄せる。

口から大きく、長く
吐きましょう！
フゥー
引き寄せる
効く！
下腹部が固くなっているのを感じたら効いている証拠！

有酸素運動

4 min

内ももスッキリ！
脚パカパカ

動画はこちら！

ここに効く！

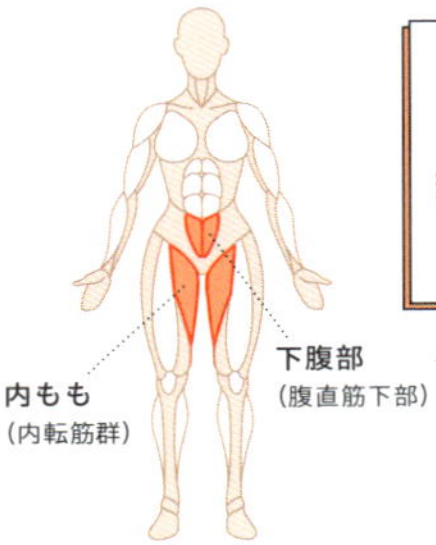
下腹部
（腹直筋下部）
内もも
（内転筋群）

脚を開いたり閉じたりしながら跳びます。股関節周りの柔軟性を高め、内ももの筋肉を鍛えることができます。

効く！
股関節がのびているのを感じたらOK！

1 脚を開いて跳ぶ

リズム表に合わせて、脚を大きく開いて跳ぶ。

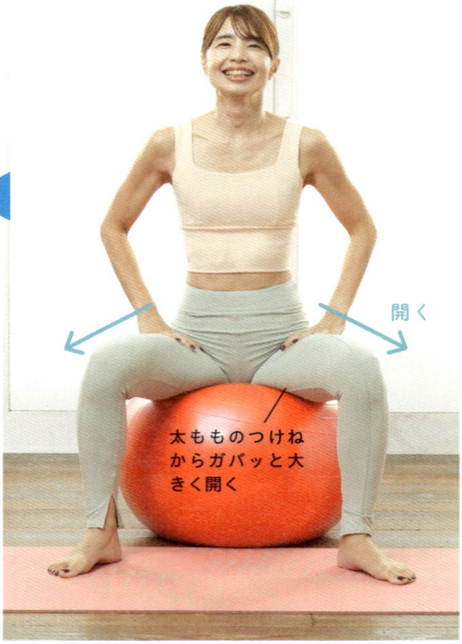
開く
太もものつけねからガバッと大きく開く

リズム表に合わせて動作をチェック！

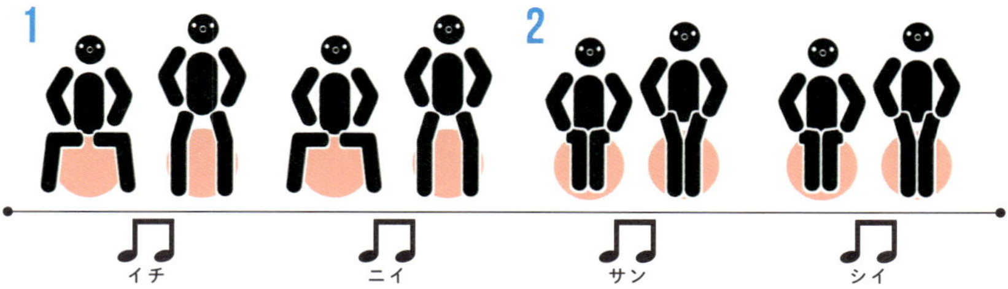
1
2
イチ
ニイ
サン
シイ

ADVICE

お腹にはずっと力を入れ続けて！

跳んでいるうちにボールがずれてきてしまったら、腹筋に力が入っていない可能性が。腹筋には常にグッと力を入れて跳びましょう！

2 脚を閉じて跳ぶ

リズム表に合わせて、脚をぴったりと閉じて跳ぶ。

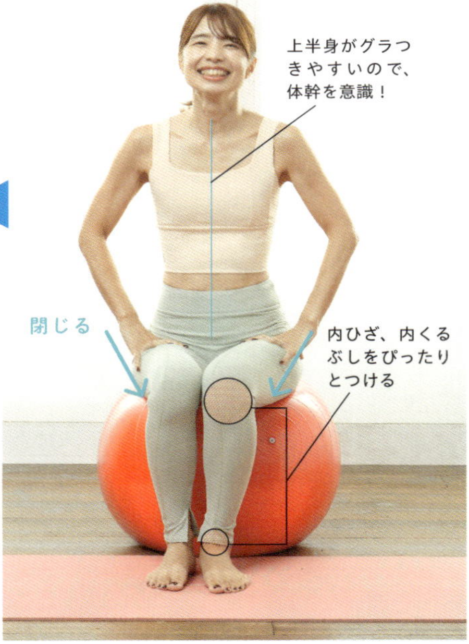
上半身がグラつきやすいので、体幹を意識！
閉じる
内ひざ、内くるぶしをぴったりとつける

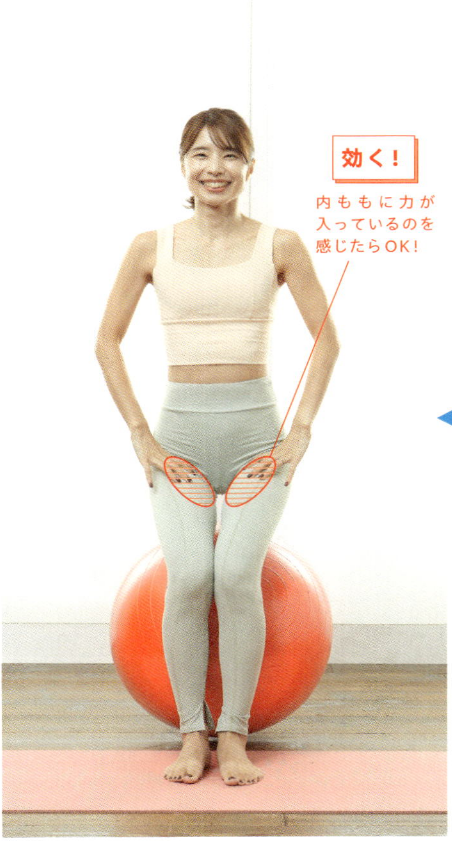
効く！
内ももに力が入っているのを感じたらOK！

チャレンジ!

有酸素運動

5 min

二の腕＆足やせに

脚パカパカ＆上下バンザイ

動画はこちら!

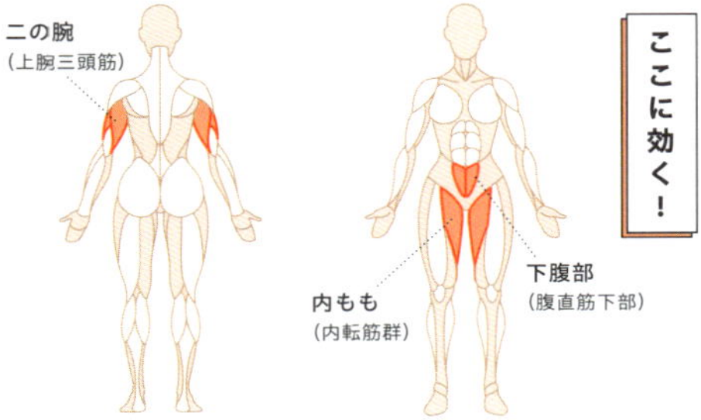
二の腕
（上腕三頭筋）
ここに効く!
下腹部
（腹直筋下部）
内もも
（内転筋群）

脚パカパカ（p.68）に、上下に手を上げる動きをプラス。手脚の動きの違いに混乱したら、リズム表を確認して跳びましょう。

1 脚を開き、腕を広げて跳ぶ

リズム表に合わせて、脚は開いた状態で腕を広げ、手はパーにして跳ぶ。

効く!
股関節がのびているのを感じられたらOK!
効く!
二の腕の裏に力が入っているのを感じたらOK!

広げる
胸は開く
太もものつけねからガバッと大きく開く
開く

リズム表に合わせて動作をチェック！

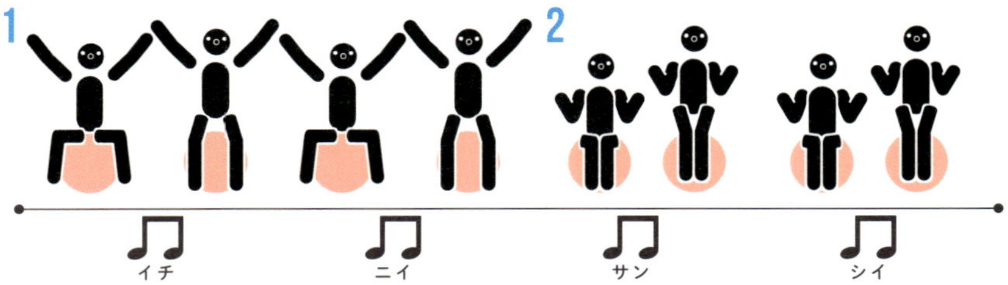

2 脚を閉じ、脇を締めて跳ぶ

リズム表に合わせて、脚は閉じた状態でひじを曲げ、手はグーにして跳ぶ。

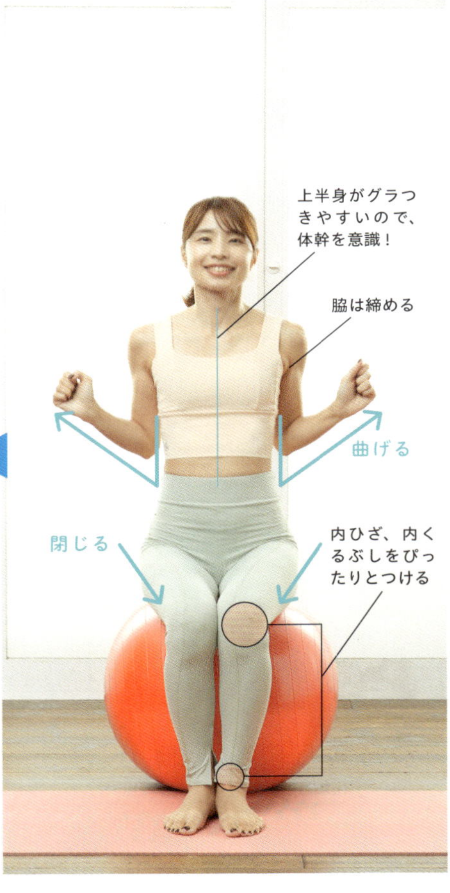

有酸素運動

二の腕＆脚やせに **脚パカパカ＆上下バンザイ**

3 脚を開き、腕を下に広げて跳ぶ

リズム表に合わせて、脚は開いた状態で腕を下に広げ、手はパーにして跳ぶ。

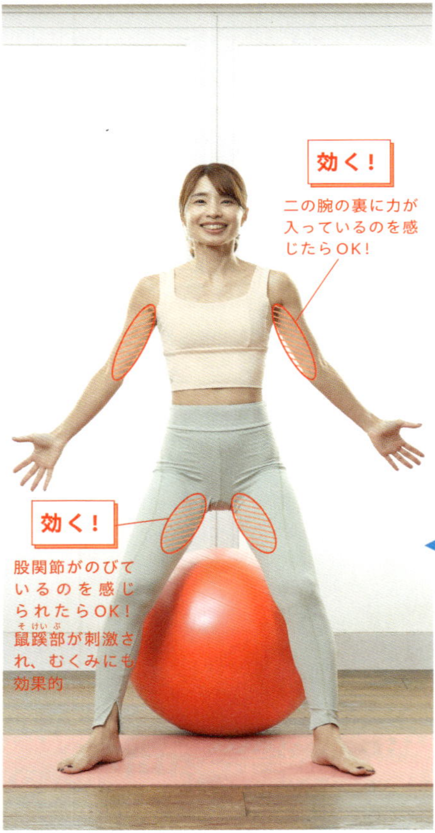
効く！
二の腕の裏に力が入っているのを感じたらOK！
効く！
股関節がのびているのを感じられたらOK！鼠蹊部《そけいぶ》が刺激され、むくみにも効果的

下に広げる
胸は開く
腕は曲げず、下に大きく開く
開く
太もものつけねからガバッと大きく開く

ADVICE

指の動きも意識すれば「脳トレ」効果も！

手を「グーパー」としっかり動かすと、指先の神経が刺激され、脳も活性化されます。また、2と4で脇を締めるときは、ひじを背中の後ろに隠すように引き下げて、肩甲骨が動くのを感じながら大きく動かしましょう！

リズム表に合わせて動作をチェック！

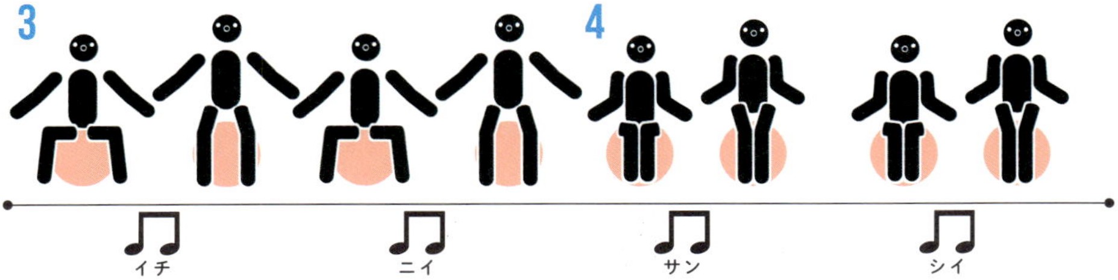
3
4
イチ
ニイ
サン
シイ

4 脚を閉じ、脇を締めて跳ぶ

リズム表に合わせて、脚は閉じた状態でひじを曲げ、腕を後ろに引いて跳ぶ。

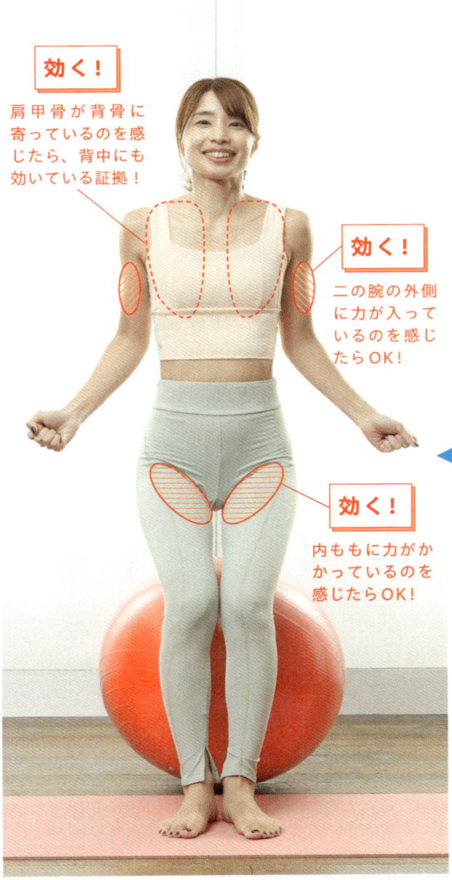
効く！
肩甲骨が背骨に寄っているのを感じたら、背中にも効いている証拠！
効く！
二の腕の外側に力が入っているのを感じたらOK！
効く！
内ももに力がかかっているのを感じたらOK！

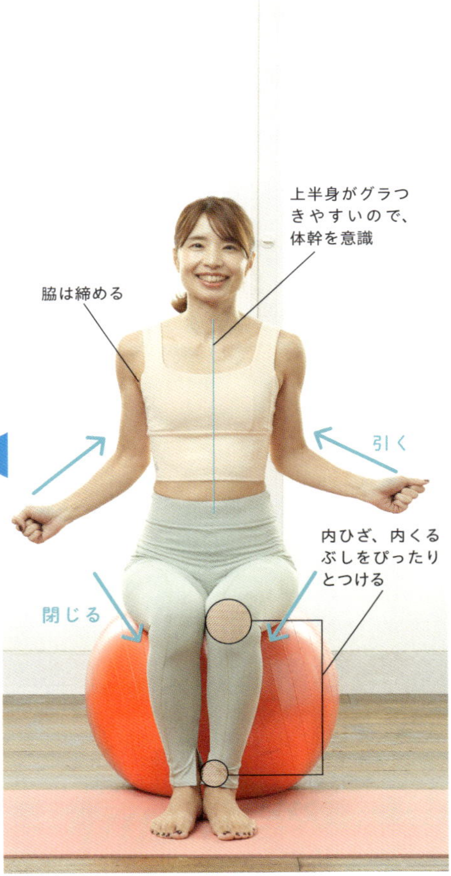
上半身がグラつきやすいので、体幹を意識
脇は締める
引く
内ひざ、内くるぶしをぴったりとつける
閉じる

Column

バランスボールで味わえる、
高揚感と幸せホルモン

家事に育児に仕事と、忙しい毎日を過ごすママ、本当にお疲れさまです。日々フルパワーで過ごしているわけですから、「トレーニング？　そんな体力も時間もないって！」とイライラしてしまうのも、わかります。でも、「ずっと何かにイライラしている」という人は、「幸せホルモン」不足かもしれません。

「幸せホルモン」とは、神経伝達物質である「セロトニン」や「エンドルフィン」などのホルモンのこと。「セロトニン」は感情や気分をコントロールし、「エンドルフィン」は幸福感や気分の高揚感をもたらすと言われています。

「幸せホルモン」を分泌するには、お日さまの光に当たったり、毎朝15分くらいウォーキングするのが手っ取り早いと言われていますが、ただでさえ自分の時間が取りづらいママにはそれさえもハードルが高い！　でもバランスボールなら、家の中で簡単にできて、跳ぶことで「幸せホルモン」の分泌が促進され、体の疲れだけでなく、心の疲れも吹き飛ばしてくれます。

バランスボールはもともとリハビリを目的に生まれた道具なので、赤ちゃんの抱っこやおんぶ、授乳といった育児に必要な体幹を整え、鍛えることにもってこいなんです。だから、ストレス解消がうまくできないママにこそ、だまされたと思って一度バランスボールで跳んでみてほしいな、って思っています。

LESSON 3

自分の理想を叶える
エイジングケアプログラム

年齢は戻らないけれど、「気持ち」と「見た目年齢」はいつまでも若くありたいですよね？　「自分の理想を叶えたい！」と、高みを目指すあなたにぴったりのプログラムを用意しました！

アラフォーママに必要なのは、内面から湧き出る高揚感！

どんな服を着ても、どれだけメイクしても、ばっちりヘアスタイルを決めても、アラフォーともなると、それだけでは取り繕《つくろ》えないのが現実です（若い頃は着飾ってメイクしたら無敵だったような……）。

アラフォーから必要なのは、美しい姿勢、適度な筋肉、そして肌と髪のツヤ、そしてそして、なんだか幸せそうなゆとりのあるオーラです。「ケアするところだらけで無理！」って思ったそこのあなた！「年齢を重ねれば老けるのなんて当たり前だし、仕方ないじゃない！」って思ったそこのあなた！「日々、家事と育児と仕事のストレスでイライラしちゃうし、ゆとりなんてない！」と、さらにイライラしちゃったそこのあなた！

諦めないでください。バランスボールならボディラインだけでなく、ホルモン分泌や自律神経のケアといったインナーケアにまでアプローチできるので、内面から湧き出る若々しいオーラが「跳ぶだけ」で叶います。

そしてもう1つ、LESSON 3で紹介するエイジングケアプログラムを行うときに、意識してほしいことがあります。それは、バランスボールで跳んでいるときに「今、私は自分ときちんと向き合って、いいことをしている」という、慈《いつく》しみの実感を持つことです。「テレビを見ながら」「お鍋で具材を煮込みながら」と、「ながら」を推奨するダイエットもありますが、私は「自分を美しくすることに集中する時間」こそが、自分を大切にする、してもいいと思えるママの自分軸となり、美しさへの自信につながると思っています。1日たった10分、ですが、その10分は「ママ」ではないあなただけの大切な時間です。理想の自分を目指して、ぜひ意識して跳んでみてください。

エイジングケアプログラム1

お疲れママを「10歳若見え」へ

プログラムの流れ

- 3.5 min 筋トレ　ヒップアップ
- 4 min 有酸素運動　お尻フリフリ (p.80)
- チャレンジ！ 4 min 有酸素運動
- 3.5 min ストレッチ　お腹＆前ももほぐし (p.82)
- チャレンジ！ 4 min ストレッチ

動画フルバージョンはこちら！

ねらい

筋トレ
お尻と太ももの裏を鍛える。

有酸素運動
骨盤の歪みを矯正する。

ストレッチ
お腹と体の側面、太ももを一緒にゆるめる。

筋トレ

3.5 min

お尻を引き締めるヒップアップ

動画はこちら！

ADVICE
2の状態を10秒キープ。まずは時間は気にせず、3セットを目標に！

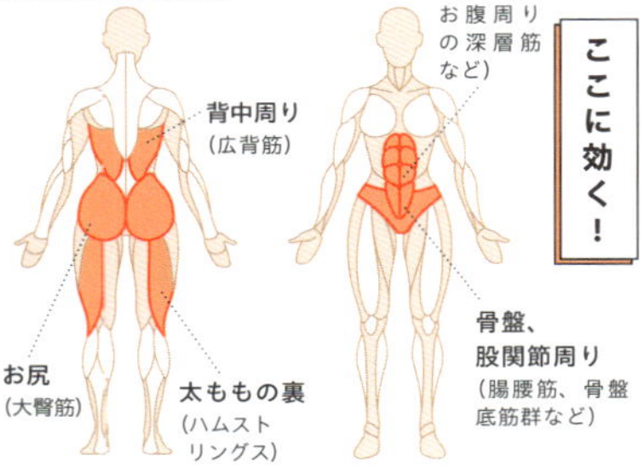

お腹
（腹直筋、お腹周りの深層筋など）
背中周り
（広背筋）
ここに効く！
骨盤、股関節周り
（腸腰筋、骨盤底筋群など）
お尻
（大臀筋）
太ももの裏
（ハムストリングス）

ボールを使って背中とお尻を浮かせて、お尻と太ももの裏側を鍛えます。骨盤の歪み、ゆるみも調整します。

1 マットに寝転び、ボールに両足を乗せる

マットにあお向けでひざを立てて寝転び、ボールに両足を乗せる。左右の足の裏を合わせて「合掌」のようにして、ひざを外側に広げる。一度大きく息を吸う。

足の裏を合わせて合掌のポーズ
大きく息を吸って～
スゥー
開く

2 ゆっくりと お尻と背中を上げる

長く息を吐きながら、ゆっくりと腰を反《そ》らし、背中とお尻をマットから離していく。

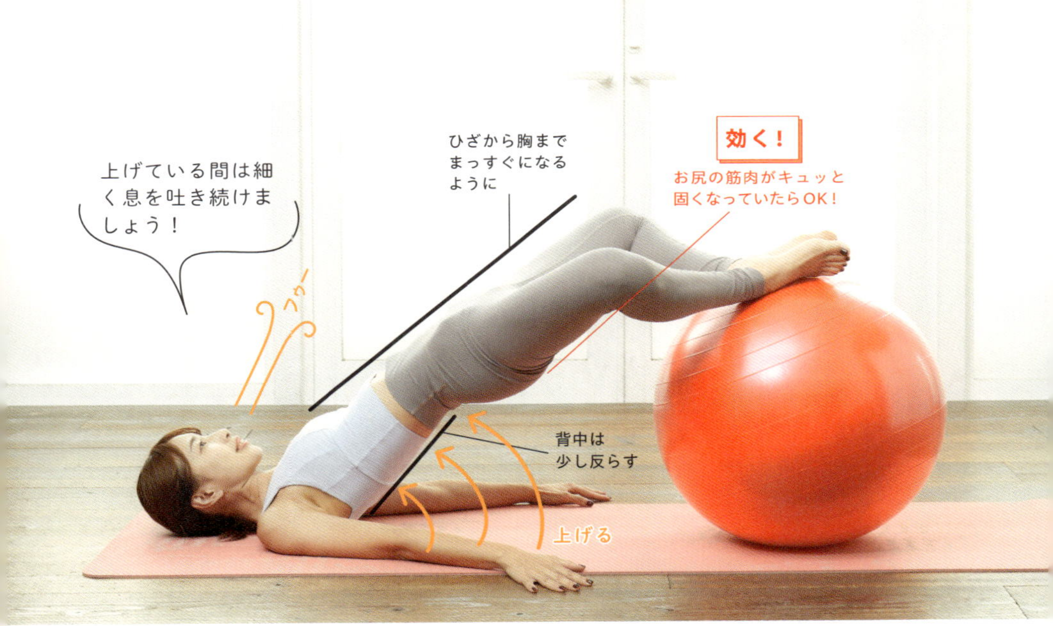

上から見たところ

有酸素運動

4 min

骨盤の歪みをとる お尻フリフリ

動画はこちら！

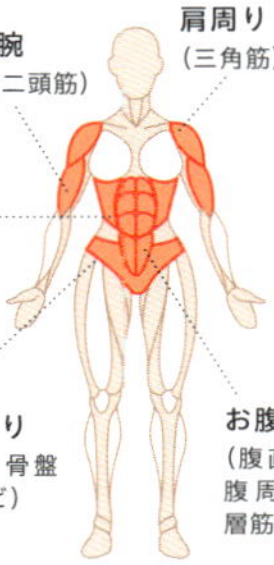
二の腕
（上腕二頭筋）
肩周り
（三角筋）
ウエスト周り
（腹斜筋）
骨盤、
股関節周り
（腸腰筋、骨盤底筋群など）
お腹
（腹直筋、お腹周りの深層筋など）

ここに効く！

脚を組むクセのある人や、産後の骨盤の歪みに悩む人に、腰をゆらして骨盤を矯正する運動です。

リズム表に合わせて動作をチェック！

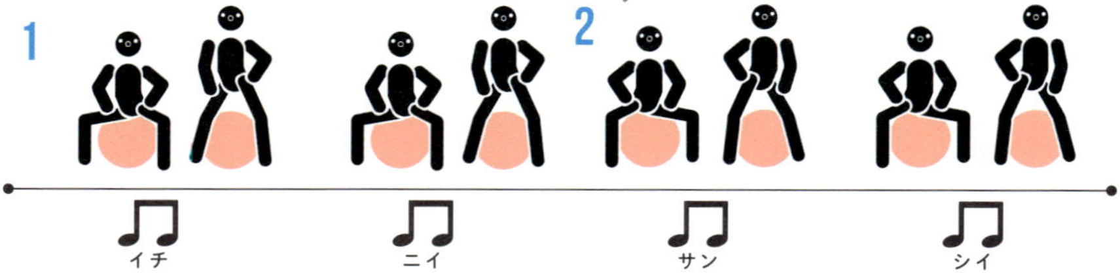
1
2
イチ
ニイ
サン
シイ

1 腰の左側を引き上げて跳ぶ

腰の左側をクイッと引き上げるように動かしたら、その状態をキープして、リズム表に合わせて跳ぶ。

効く！
左側のウエスト周り（腹直筋）が固くなっていたら効いている証拠！
斜めの状態をキープ
ボールには右側のお尻を乗せるイメージ

腰骨を上にクイッと上げるイメージ！
上半身はまっすぐ
腰は斜め
上げる
かかとはつけたまま

2 腰の右側を引き上げて跳ぶ

腰の右側をクイッと引き上げるように動かしたら、その状態をキープして、リズム表に合わせて跳ぶ。

チャレンジ！

有酸素運動

動画はこちら！

4 min

二の腕も一緒に鍛える
お尻フリフリ＆腕しぼり

腕をひねる動作を加えて二の腕にもアプローチします。

2のときに手首を手前にひねる。 2にプラス！

1にプラス！ 1のときに手首を後ろにひねる。

ストレッチ

ADVICE
左右それぞれ1分半ずつ行いましょう。

3.5 min

キレイな姿勢をつくる
お腹＆前ももばし

動画はこちら！

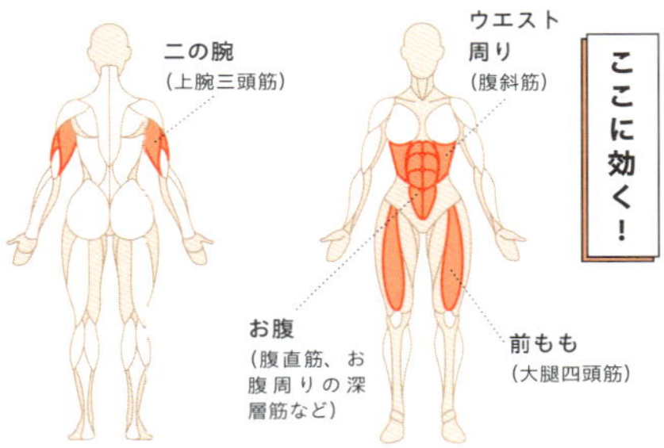
二の腕
（上腕三頭筋）
ウエスト周り
（腹斜筋）
ここに効く！
お腹
（腹直筋、お腹周りの深層筋など）
前もも
（大腿四頭筋）

お腹と前もも、太ももの裏の筋肉をのばすストレッチです。股関節の詰まりも解消します。

1 左ひざを立てて座り、左側のお尻にボールが当たるように置く

マットの上に両ひざをついて座ったら、左足を前に出す。ボールを左側のお尻に当たるように左手で固定する。一度大きく息を吸う。

大きく息を吸って〜
スゥー
背筋はのばす
ボールは左側のお尻につける
曲げる
ひざ裏は90度以上開く

2 ボールをお尻に当てたまま前に転がす

大きく息を吐きながら、ボールを前に転がしてお腹と太ももの筋肉をのばす。反対側も 1、2 と同様に行う。

ADVICE

前に出した脚はラクな状態が正解！

前に出した脚の太ももの辺りがツラい場合、足を一歩前に出してみましょう。前に出した脚には負担がかからないように行いましょうね。

チャレンジ！

ストレッチ

動画はこちら！

4 min

腕 & 脇腹をのばす

体側のばし

腕を上げて横に倒す動きをプラスして、体の側面も一緒にのばします。

大きく息を吐きながら左側に上半身を傾ける。反対側も同様に行う。

2にプラス！

2の状態からさらに右手を真上にのばす。一度大きく息を吸う。

エイジングケアプログラム2

ずんどう体型を最強の美くびれへ

ADVICE
2、3で1セット。まずは時間は気にせず、10回を目標に！

筋トレ

3 min

くびれをつくる ツイスト腹筋

動画はこちら！

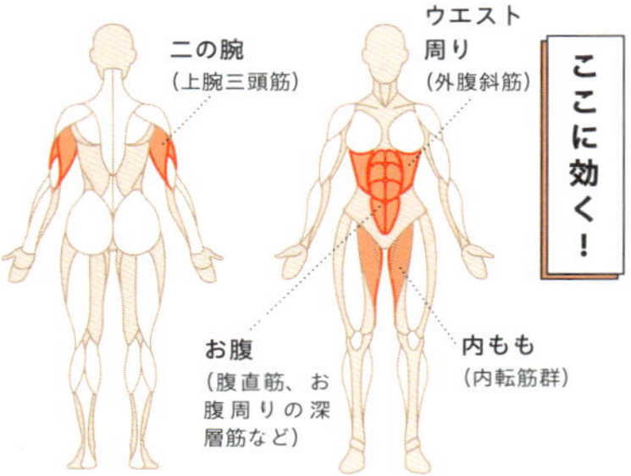

二の腕
(上腕三頭筋)
ウエスト周り
(外腹斜筋)
ここに効く！
お腹
(腹直筋、お腹周りの深層筋など)
内もも
(内転筋群)

ぺたんこお腹とくびれに効く、ウエストをひねる運動です。下半身も同時に鍛えることができます。

---

1 足先を浮かせて座り、体の正面でボールを持つ

マットの上にひざを曲げて座ったら、両足を浮かせて体の前でボールを持つ。

恥骨《ちこつ》とみぞおちの間を意識してお腹にグーッと力を入れましょう！
上半身は斜め45度くらい後ろへ倒す
45°

背中は少し丸めてOKです！
腕は肩の高さくらいまで上げる
効く！
お腹の正面にグッと力を入れた状態をキープできていたらOK！

プログラムの流れ

- 3 min 筋トレ ツイスト腹筋
- 4 min 有酸素運動 開脚タッチ（p.86）
- チャレンジ！ 4 min 有酸素運動
- 3 min ストレッチ ボールコロコロ（p.88）

フルバージョン動画はこちら！

ねらい

筋トレ
ウエストをひねり、くびれを作る。

有酸素運動
股関節を動かしながら、下半身を鍛える。

ストレッチ
背中と二の腕の筋肉をほぐす。

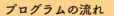

2 ボールを持ったまま、上半身を左側にひねる

下半身は動かさず、一度息を吸って、ボールを持ったまま上半身を左側にひねりながら息を吐く。

3 ボールを持ったまま、上半身を右側にひねる

一度体の正面にボールを戻したら息を吸って、2と同じように今度は上半身を右側にひねりながら息を吐く。

ADVICE

ツラい場合はかかとをつけてOK！

両足を上げた状態がツラくなってきたら、左右どちらかのかかとをマットにつけてOKです。2、3とひねったら、かかとをつける足をチェンジします。

有酸素運動

4 min

美脚をつくる
開脚タッチ

動画はこちら！

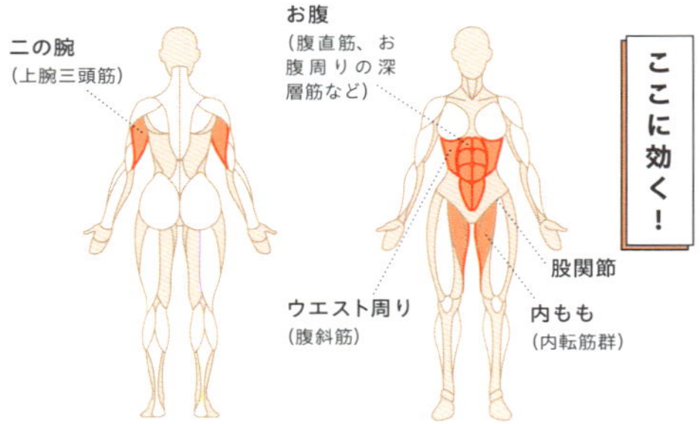
二の腕
（上腕三頭筋）
お腹
（腹直筋、お腹周りの深層筋など）
ここに効く！
股関節
ウエスト周り
（腹斜筋）
内もも
（内転筋群）

左右交互に脚を開いて下半身を鍛えます。左右に大きく脚を広げることを意識して、股関節の可動域を広げましょう。

♩リズム表に合わせて動作をチェック！

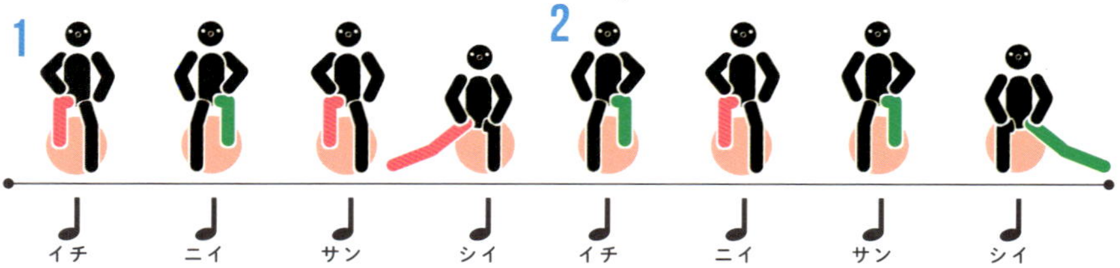
1
2
イチ
ニイ
サン
シイ
イチ
ニイ
サン
シイ

1 足踏みをしながら跳び、右脚を横に開く

足踏みをしながら跳び、リズム表に合わせて右脚を横に大きく開いたら、つま先でマットをタッチする。

できるだけ遠くに脚をのばしてマットをタッチ！
開く
タッチ

ウォーキング（p.46）と同じ動きです！
上げる

2 足踏みをしながら跳び、左脚を横に開く

1と同じように、今度はリズム表に合わせて左脚を横に大きく開き、つま先でマットをタッチする。

チャレンジ！

有酸素運動

動画はこちら！

4 min

くびれ＆二の腕に効く

開脚タッチ＆ツイスト

腰のひねりを加えて、ウエストと二の腕も一緒に鍛えます。

2にプラス！ 2で脚を開くときに、開いた脚と逆向きに上半身をひねり、左手を大きくのばす。

1にプラス！ 1で脚を開くときに、開いた脚と逆向きに上半身をひねり、右手を大きくのばす。

ストレッチ

ADVICE
1、2、3、1をそれぞれ30〜40秒ずつ行いましょう。

3 min

背中＆体側をのばす ボールコロコロ

動画はこちら！

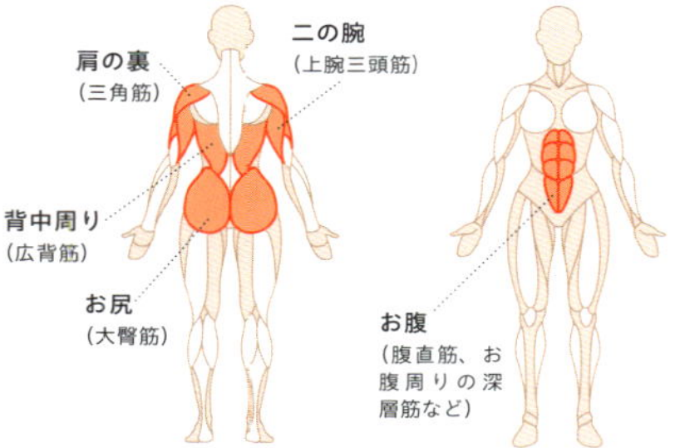
肩の裏
（三角筋）
二の腕
（上腕三頭筋）
背中周り
（広背筋）
お尻
（大臀筋）
お腹
（腹直筋、お腹周りの深層筋など）

ここに効く！

正座をした状態で、ボールを前と左右に転がして、背中と二の腕、体の側面をのばします。

1 正座をした状態から両手でボールを前に転がす

マットの上で正座をしたらボールをひざの前に置き、手を添える。息を吐きながら、そのままおじぎするようにボールを前に転がす。

大きく息を吸って〜
スゥ〜

口から吐いて〜
効く！
背中と二の腕が気持ちよく感じるくらいにのびていたらOK！
グーッ
転がす
顔は両腕の間に入れる
フゥ〜

2 左側にボールを転がす

続けて左側にボールを転がす。

3 右側にボールを転がし、最後は正面に戻す

一度正面にボールを戻したら、今度は右側にボールを転がす。最後は再び正面に戻す。

エイジングケアプログラム3

ぽっこり腹をぺたんこ腹へ

プログラムの流れ

- 2 min 筋トレ ボールプランク
- チャレンジ！ 2 min 筋トレ
- 4 min 有酸素運動 骨盤前後移動 (p.92)
- チャレンジ！ 4 min 有酸素運動
- 3 min ストレッチ 上半身回し (p.94)

フルバージョン動画はこちら！

ねらい

筋トレ
お腹周りの筋肉を中心に、背中、二の腕と全身の筋肉を鍛える。

有酸素運動
骨盤の歪みを整え、猫背、反《そ》り腰を改善する。

ストレッチ
全身の筋肉を効率よくほぐす。

筋トレ

ADVICE
2の状態を10秒キープ。まずは時間は気にせず、3セットを目標に！

2 min お腹＆背中に効く ボールプランク

動画はこちら！

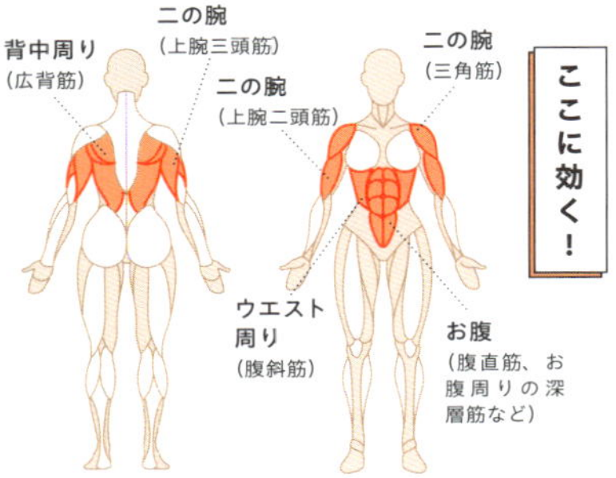

背中周り
(広背筋)
二の腕
(上腕三頭筋)
二の腕
(上腕二頭筋)
二の腕
(三角筋)
ウエスト周り
(腹斜筋)
お腹
(腹直筋、お腹周りの深層筋など)
ここに効く！

ボールの上で「プランク」を行います。全身の筋肉を鍛える体幹強化メニューです。

1 両ひざで立った状態からボールの上に両ひじを乗せる

マットの上に両ひざで立つ。ボールを体の前に置いたら、両ひじをボールの上に乗せる。

ボールの中央
かかとを立てる
ひじは肩の真下にくるように、ボールの中央より少し手前側に乗せる

2 ひざを上げる

ひざを上げて、ひじとつま先だけで体を支える。

効く！
背中に力が入っているのを感じたらOK！
目線は正面に
背中から脚まで一直線をキープ
効く！
前ももが固くなっているのを感じたらOK！
フゥー
お腹はボールから離す
効く！
二の腕がプルプルしてきたら効いている証拠！
効く！
お腹全体が固くなるのを感じ、プルプルしてきたら効いている証拠！
上げる

お尻が上がりすぎている
お尻が下がりすぎている

NG お尻は上げすぎたり下げすぎたりしない！

お尻が上がって「くの字」になったり、反対に下がりすぎて反り腰にならないように一直線を意識して！

チャレンジ！

筋トレ

動画はこちら！

2 min

さらに引き締める

ボールプランク＆片足浮かせ

足を交互に浮かせることで、腹筋への負荷を高めます。

2にプラス！

左ひざを曲げて、つま先をマットから離す。

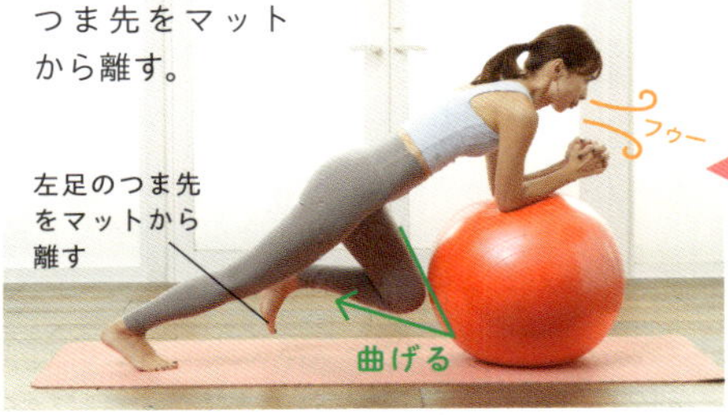
フゥー
左足のつま先をマットから離す
曲げる

右ひざを曲げて、つま先をマットから離す。

フゥー
右足のつま先をマットから離す
曲げる

ADVICE

キツければつま先をつけてOK！

慣れるまではつま先をつけても大丈夫です。体幹と腹筋がついてきたらつま先を離してみてください！

有酸素運動

4 min

反《そ》り腰＆猫背改善

骨盤前後運動

動画はこちら！

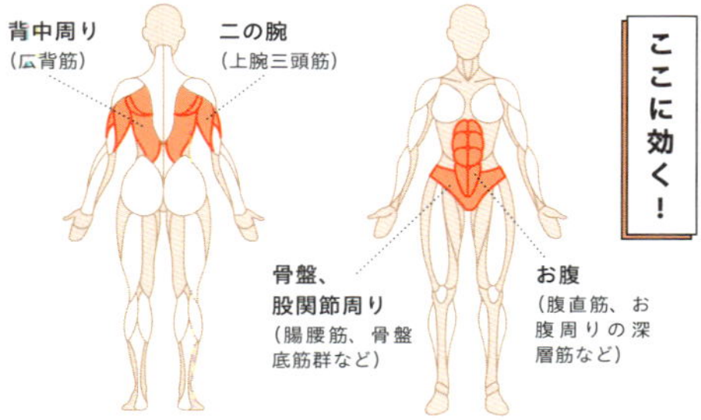
背中周り
（広背筋）
二の腕
（上腕三頭筋）
ここに効く！
骨盤、
股関節周り
（腸腰筋、骨盤底筋群など）
お腹
（腹直筋、お腹周りの深層筋など）

背中を丸めたり反らしたりする運動です。骨盤の歪みを整えて、反り腰、猫背を正しい姿勢へと導きます。

リズム表に合わせて動作をチェック！

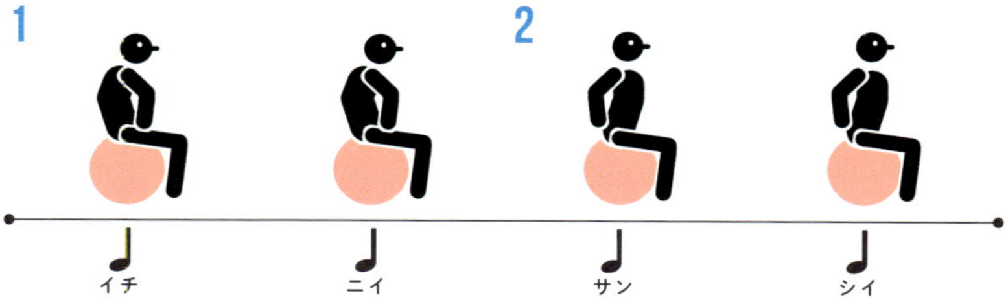
1
2
イチ
ニイ
サン
シイ

1 背中を丸めて跳ぶ

リズム表に合わせて、骨盤を後ろに倒し、背中を丸めて跳ぶ。

肩を内側にグッと入れて跳びましょう
倒す
丸める

2 背中を反らして跳ぶ

リズム表に合わせて、骨盤を前に倒し、背中を反らして跳ぶ。

チャレンジ!

有酸素運動

動画はこちら!

4 min

二の腕と背中に効く

骨盤前後運動＆ボートこぎ

手の動きを加えて、背中と二の腕も一緒に鍛えます。

2にプラス!

2のときにひじを曲げて腕を後ろに大きく引く。

1にプラス!

1のときに腕を前に大きくのばす。

ストレッチ

3 min

全身の筋肉をゆるめる
上半身回し

動画はこちら！

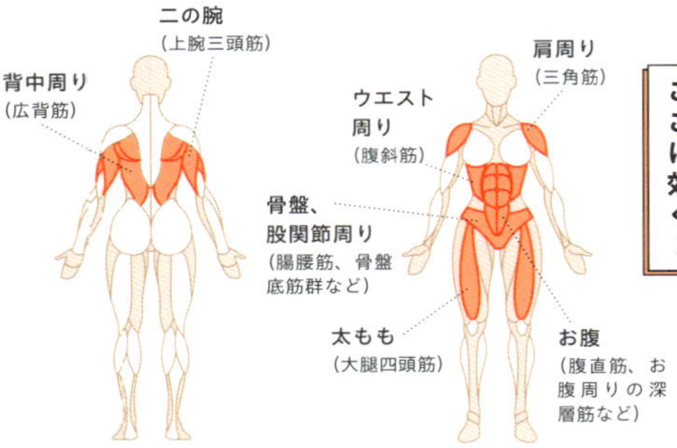
二の腕
（上腕三頭筋）
背中周り
（広背筋）
肩周り
（三角筋）
ウエスト
周り
（腹斜筋）
骨盤、
股関節周り
（腸腰筋、骨盤
底筋群など）
太もも
（大腿四頭筋）
お腹
（腹直筋、お
腹周りの深
層筋など）
ここに効く！

首から背中にかけての筋肉をゆるめるほか、股関節の詰まりを取り、動きやすく整えます。

1 ボールに座って両脚を開き、両手を組んで上げる

ボールに座って、脚を大きく開く。一度大きく息を吸ったら、両手を組んで上にのばし、大きく息を吐く。

グイーッ
スゥー
目線は
上に
上げる
効く！
二の腕が気持ちよくのびていたらOK！
効く！
背中が気持ちよくのびていたらOK！
効く！
股関節周りが気持ちよくのびていたらOK！
開くところまで
大きく開く
開く
つま先は
外側に向ける

2 上半身をぐるっと回す

長く息を吐きながら、下半身は動かさずに上半身だけぐるっと1周回す。右回り、左回りと順に行う。

フゥー
回す
効く！
ウエスト周りが気持ちよくのびていたらOK！

フゥー
回す
効く！
ウエスト周りが気持ちよくのびていたらOK！

効く！
ウエスト周りが気持ちよくのびていたらOK！
回す
フゥー

エイジングケアプログラム4

振り袖二の腕を ほっそり二の腕へ

筋トレ

ADVICE
まずは時間は気にせず、10回を目標に！

3 min

二の腕に強アプローチ ボール送り

動画はこちら！

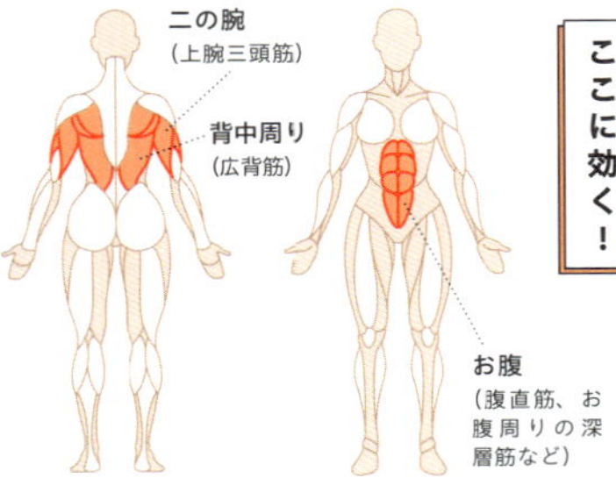

二の腕
(上腕三頭筋)
背中周り
(広背筋)
お腹
(腹直筋、お腹周りの深層筋など)

ここに効く！

ボールを後ろに送るような動作で、二の腕を鍛える運動です。頭の少し後ろまで持ち上げましょう！

1 脚を前にのばして座る

マットの上に脚をのばした状態で座り、体の横にボールを置く。

背中はまっすぐ
つま先は上に向ける
骨盤を立てるように意識する

プログラムの流れ

3 min 筋トレ
ボール送り

4 min 有酸素運動
腕ワイパー (p.98)

2.5 min ストレッチ
ボール押し出し
(p.100)

フルバージョン動画はこちら！

ねらい

筋トレ
腹筋を使いながら、二の腕のたるみを引き締める。

有酸素運動
二の腕全体の筋肉を使いながら、背中も引き締める。

ストレッチ
身体の背面全体をまとめてほぐす。

2 ボールを両手で持ち上げる

ボールを頭の真上より少し前あたりになるように、両手で持ち上げる。そのまま一度大きく息を吸う。

大きく息を吸って〜
スゥー
上げる
効く！
二の腕の筋肉が固くなるのを感じたらOK！

後ろに移動する
吐きながらボールを後ろへ！
フゥー
効く！
二の腕がのび、背中の筋肉が背骨に寄るのを感じたらOK！

ADVICE

ひざを軽く曲げてもOK！

脚をまっすぐのばした状態がキツいときはひざは軽く曲げても OK。上半身の筋トレに集中できる姿勢で行いましょう。

曲げる

有酸素運動

4 min

二の腕と背中を鍛える
腕ワイパー

動画はこちら！

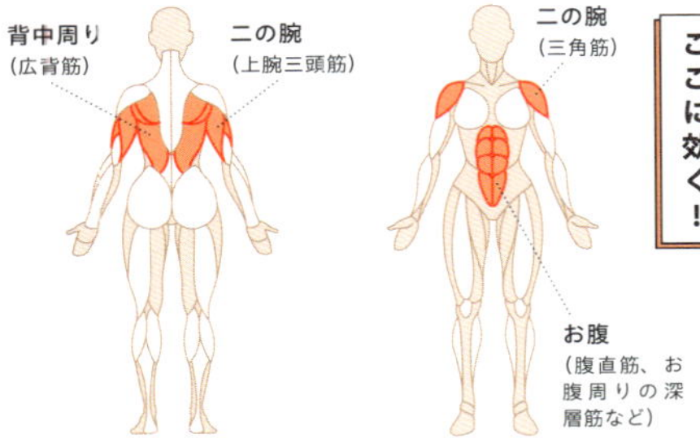
背中周り
（広背筋）
二の腕
（上腕三頭筋）
二の腕
（三角筋）
お腹
（腹直筋、お腹周りの深層筋など）
ここに効く！

ボールで跳びながら腕を顔の前でパカパカと動かします。二の腕と背中の筋肉を引き締めるのに効果的です。

1 両腕をつけて跳ぶ

ひじを直角に曲げて顔の前で前腕をぴったりとつけ、リズム表に合わせて跳ぶ。

手のひらを
合わせる
両ひじを
しっかりつける
ひじは肩の高さをキープ
閉じる
効く！
二の腕がのび、肩甲骨が広がるのを感じたらOK！

♩リズム表に合わせて動作をチェック！

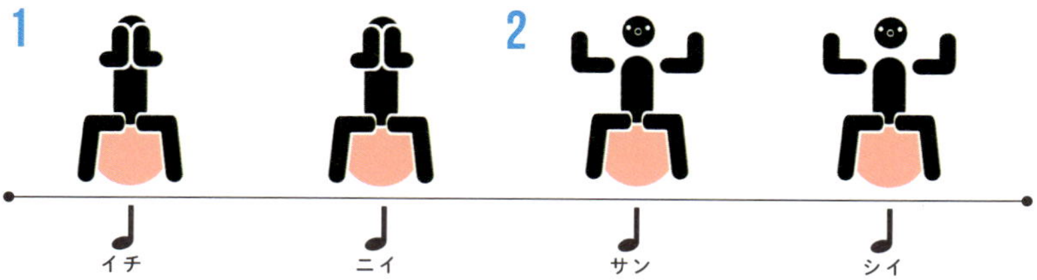

1
2
イチ
ニイ
サン
シイ

2 両腕を離し、胸を大きく開いて跳ぶ

1の状態から、ひじの位置は下げずに前腕を離す。胸を大きく開き、リズム表に合わせて跳ぶ。

ひじは肩の高さをキープ
開く
効く！
二の腕が固くなるのを感じ、プルプルしてきたら効いている証拠！
効く！
肩甲骨が背骨側にグイッと寄るのを感じたらOK！

NG

ひじは下げない

両ひじは肩の位置より下がらないように、上腕と二の腕に力を入れてキープ。

NG

ひじは離さない

両ひじが離れないように、二の腕に力を入れてキープ！

ストレッチ

2.5 min

下半身&背中をほぐす
ボール押し出し

動画はこちら！

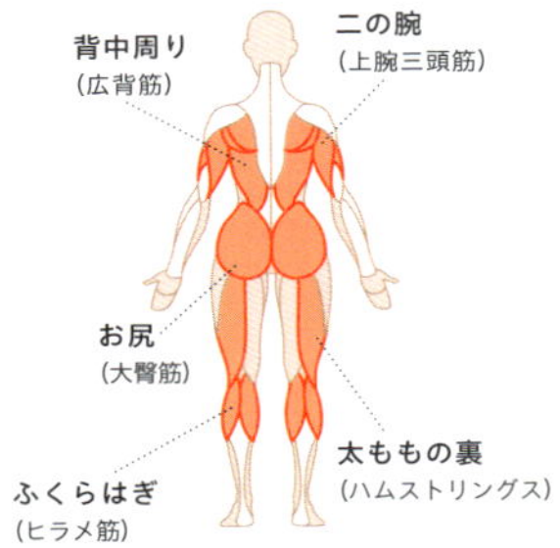
背中周り
（広背筋）
二の腕
（上腕三頭筋）
お尻
（大臀筋）
太ももの裏
（ハムストリングス）
ふくらはぎ
（ヒラメ筋）

ここに効く！

ボールを使って行う前屈運動です。ボールをゆっくりと転がしながら、背中と脚の裏側の筋肉をゆるめましょう。

1 立ったまま ボールに両手をつく

足を肩幅に広げ、体の前にボールを置く。ひざは曲げずに前傾姿勢になり、ボールの上に両手をついたら、一度大きく息を吸う。

大きく息を
吸って〜
背中はまっすぐ
曲げる
スゥ〜
ひざは曲げない
足は肩幅に
広げる

2 前にボールを転がす

長く息を吐きながら、ボールをゆっくりと転がせるところまで転がす。

口から
吐いて～
効く！
お尻が気持ち
よくのびてい
たらOK！
効く！
脚の裏が気持ち
よくのびている
ことが、脚やせ
の第一歩！
フウー
目線はボールの
少し先に
かかとはつけたまま
転がす

3 両腕の間に顔を入れる

一度大きく息を吸ったら、両腕の間に頭を沈めるように入れる。ボールをもう少しだけ転がして、背中と二の腕をさらにのばす。

お尻を高く後ろに
引き上げる
効く！
背中と二の腕が気持ちよく
のびていたらOK！
効く！
お尻、脚の
裏がさらに
グーンとの
びていたら
OK！
フウー
入れる
目線はマットに
転がす

Column

「摂る」ことよりも「摂らない」ことに意識を傾けてみる

ダイエットを始めるとき、ダイエットサプリメントや、機能性表示食品といったダイエットサポート食品を補うだけで満足していませんか？「なんとなくよさそう」「ラクにやせそう」という安易な気持ちでいろいろ手当たり次第に取り入れてしまうと、なかには添加物がたくさん入っているものもあったりして、やせるどころか内臓に負担をかけてしまい、老化を早める原因にもなるので注意が必要です。

食生活を見直すときに「よし！　やってやるぞ！」と大きなことを成し遂げるような気持ちになる必要はありません。実際はもっとシンプルでよくて、自分の体にとって必要なものだけを摂る、それだけで十分美しい体が作れます。たとえば、「１日に２リットルの水分を摂りましょう」と、よく耳にするフレーズ。毎日２リットル必要なのはシンプルな「水」であり、「お茶」や「炭酸水」ではありません。キンキンに冷やして飲みたい人もいるかもしれませんが、内臓のことを考えれば、常温または人肌程度の温度の水がいいと、わかると思います。

シンプルとは、自分の体の声に耳を傾けること。ツラいのに糖質制限をしたり、ツラいのにストイックな運動をしたりするのは、自分の体にとっていいことですか？ やせる以前に健康な体が損なわれてしまいます。制限しすぎ、運動しすぎ……、つい、もっともっととなりがちですが、「足るを知る」の気持ちを忘れないでくださいね。

LESSON 4

太らない！ 老けない！ アラフォーママの正しい食事法

食事は毎日のこと。「朝食抜き」「偏食」といった不健康な食生活では、キレイにやせないどころか老化の原因に。一生続けられる正しい食事法で、健康で美しい体型をキープしましょう！

キツい食事制限はもうやめて！

正しい食事法で楽しく、美しくなる！

断言します。**過度な食事制限は、アラフォーのダイエットには必要ありません。**やせるために1食減らしたり、主食のお米を食べなかったりする人も多いのですが、**大前提として、食べなければ「美しく」やせません！**

私たちの体は**37兆個の細胞の集合体**でできています。その細胞一つ一つが毎日せっせと働いてくれるから、私たちは子育てしたり仕事したりと、毎日「動く」ことができるのです。ところが極端に食事量を減らすとどうなるか。一時的に体重は減りますが、細胞には十分な栄養が届かず、「もう働けないよ〜」とSOSが出されます。すると「エネルギーがないから節約しなきゃ！」と脳が勘違いをしてしまい、少ない栄養でも活動できるように、エネルギーを体内に溜め込むようになります。こうしてできた**「省エネモードの体」は、通常の食事量に戻せば太ります。**また、エネルギー不足だけでなく、**食事量を減らすことによるタンパク質不足は筋肉量の低下につながり、ビタミン不足やミネラル不足は肌や髪のうるおい低下や、生理痛・生理不順を引き起こすだけでなく、免疫力を下げ、疲れやすく、イライラしやすい体をつくる原因にもなります。**

アラフォーのダイエットのゴールは、一時的な体重減少ではないはずです。体重さえ落ちれば、お腹ぽっこりでも、お肌カサカサでも、毎日クタクタでイライラしっぱなしでもいい、というわけではないですよね？

目指すは、健康的に美しくやせて、その体を一生キープすること。そのために、その場しのぎの**極端な食事制限はもうやめて、ずっと続けられる正しい食生活を身につけ、食べることを楽しみましょう。**

食べるときのポイントは次の5つです。

- 米（主食）、味噌汁（汁もの）、野菜・海藻類（副菜）、肉魚（主菜）をそろえる
- 主食を食べ始めるまでに10分は確保する
- よくかんで食べる
- 食べることに集中し、楽しむ
- 夕食は遅くても寝る2時間前までに済ませる

特に3つ目の「よくかんで食べる」ことはとても大切です。忙しさもあって「もぐもぐゴックン」くらいの速いペースで食べている人が多いように感じます（私もかつては当たり前にこれでしたし、なんなら水で流し込んで食べているくらいの早食いでした……）。忙しい毎日ですが、一度食事を口に運んだら30回くらいはかんで飲み込むように意識してください。口の中で食べものをしっかりかみ砕くことで、「消化・吸収による胃への負担が減る」「唾液がしっかり出て虫歯、口臭、歯周病の予防になる」「糖質を分解する酵素が出る」と、ただかむだけなのに多くの健康効果が期待できます。

これら5つのポイントは、毎日完璧に守れなくても大丈夫です。状況的、環境的に難しい場合は「食べすぎたらそのあとの2、3日で整える」くらいの「ゆるルール」で続けてみてください。

腸を整えることが「美やせ」の鍵！

ウンチは健康のバロメーター

ダイエットにおいて「脂質や糖質を控え、タンパク質を多めに摂りましょう」というフレーズを耳にしたことがあるかと思います。このフレーズを鵜呑《うの》みにし、食事、食間で毎日何回もプロテインを飲んだり、鶏胸肉やささみだけで脂質はカットしているという人は、もしかしたらタンパク質の摂りすぎかもしれません。タンパク質を分解するのは胃液に含まれる酵素です。つまり、プロテインなどのタンパク質の摂りすぎは胃酸分泌を過剰にし、胃を疲労させる原因になります。

また、肉に偏った食生活やプロテインの摂りすぎは腸にもダメージを与えます。消化しきれなかったタンパク質は腸に送られますが、タンパク質に含まれる窒素が腸内細菌（悪玉菌）のエサとなり、悪玉菌が増えてしまいます。すると腸内環境は悪化し、下痢や腹部の膨張感といったトラブルを引き起こします。「おならやウンチが臭い」「お腹を壊してしまった」などのサインが出たら、タンパク質を摂る量を見直しましょう。

話を腸に戻しますが、食べたものは腸でのみ吸収されます。特に小腸は栄養吸収の要《かなめ》。どれだけ体にいいものを食べても、小腸が正しく機能していないと栄養として吸収されず、美しくやせることも難しくなってしまいます。

さらに小腸ではセロトニン（74ページ）という幸せホルモンが分泌されていて、小腸が整うとセロトニンの分泌が促進され、穏やかな気持ちでいられるようにもなります。さらにさらに、腸内細菌のバランスが崩れると、女性ホルモンと似た働きをする「エクオール産生菌」のバランスも崩れる可能性が高く、生理痛やPMS、更年期症状が強くなる可能性も考えられます。

ここまでお伝えしてきたように、**小腸が整うということは、「栄養の吸収ができる」「メンタル安定」「女性らしさアップ」と、美と健康に直結するということなんです。**小腸が整うって最高でしょ？

また、**「腸ケア」には食生活を整えることももちろん大切なのですが、体を鍛えて骨格の歪みを整えることも大切です。**腸は筋肉や骨で包まれていますよね？　だから、**体を鍛えること、整えることは腸やその他の臓器が体の中で正しい形で存在することを助け、正しく機能させることにつながります。**

腸内環境を知る方法としては、毎日ウンチをチェックすることをおすすめします。まずは**「毎日強くいきまずに、自然とウンチが出ること」を目標に**してほしいのですが、同時に**チェックしてほしいポイントは以下の4つです。**

- 色
- ニオイ
- 形状
- 浮くか、沈むか

理想的なウンチは、「黄土色」「無臭」「バナナ型」「浮く」という状態。色が黒い、ニオイが臭い場合、悪玉菌が増えて腸内環境が悪化している可能性があります。コロコロと固いウンチは便秘気味で水分量が少ない状態です。ウンチが浮くか沈むかについては諸説ありますが、浮く場合は水分以外に食物繊維《せんい》が残っていると言われています。

ウンチは健康のバロメーター！　毎日流す前にチェックしてみてください。

「美やせ」を加速させる！

健康で美しくなる12のルール

最後に、「美やせプログラム」を行ったメンバーの99%が、「美しくやせた」「健康診断の数値が劇的によくなるほど健康になった」という食事のルールを12個紹介します。いきなり全部やろうとせず、できそうなものから一つずつ、楽しみながら毎日の生活に取り入れてみてください！

ルール①…**満腹にしない**　腹8分目で十分な栄養が取れます。それ以上は過多！

ルール②…**お腹が「グルル」と鳴るのを1日に2回感じる**　空腹時には脂肪を分解して、エネルギーにする作用が高くなるんです！

ルール③…**とにかくよくかむ**　何度でも言います！　一口で「30回」を意識！

ルール④…**外食時は罪悪感を持たない**　気持ちを切り替えて、楽しく食べる！

ルール⑤…**外食した翌日はミネラルをたっぷり摂る**　ミネラルは毎日忘れず摂りましょう。おすすめはわかめ、昆布、ひじき、切干大根、糸かんてんなど。外食した翌日は、普段よりも大さじ1ほど多めに。

ルール⑥…**水はガブガブ飲まず、こまめに飲む**　体は一度にたくさんの水を吸収できないので、こまめに飲んで！

ルール⑦…**夜眠るときは程よくお腹が軽い状態**　満腹で寝ないで！

ルール⑧…**起きたら一杯の白湯で胃腸を温める**　適温は50～60℃前後。朝イチに飲むことで、体も内臓も温まります。

ルール⑨…食事と食事の間隔を空けすぎない　7時間以上は空けないこと。空腹状態が長く続くと低血糖になり、太りやすくなる原因に。

ルール⑩…神経質にならない程度に、添加物や加工食品を避ける　まずは買い物をするときに原材料表示を見るクセを！

ルール⑪…お菓子の代わりに素材そのものを食べる　フルーツ、小魚のおやつ、芋、豆などをお菓子代わりに。でも、お菓子が絶対ダメではないので、ストレスのない範囲で！

ルール⑫…味噌汁は美やせの強い味方！　ミネラルとタンパク質を一気に摂るチャンス！　朝ごはんに、夕食の1品に、胃腸も温まって最適です。

最後に、**ルール⑩でも触れた「添加物」に関して、**使う調味料によっては、意図せず添加物モリモリの料理をつくってしまっているかも。解決策として、**積極的に取り入れたいのが「麹」です。**麹は発酵食品なので腸にもよく、いろんな料理に取り入れやすく、常備しやすい優れもの！　下は**私が愛用している手づくり麹調味料**です。ぜひつくってみてください！

Recipe

01 塩麹のつくり方

材料
- 麹（乾燥麹は戻す）……100g
- 塩……33g
- 水……100mℓ

用意するもの　消毒した保存容器

|つくり方|

消毒した保存容器に全ての材料を入れてよく混ぜ、常温で7日間※1ほど、毎日混ぜながら置く。完成※2したら冷蔵庫で保存する。

※1　置く期間は季節や環境によって日数を調整してください。冬場は10日から2週間かかることもあります。
※2　塩の角が取れ、麹が少し柔らかくなっている状態が完成の目安です。

02 醤油麹のつくり方

材料
- 麹（乾燥麹は戻す）……100g
- 醤油（濃口醤油推奨）……100mℓ

用意するもの　消毒した保存容器

|つくり方|

消毒した保存容器に全ての材料を入れてよく混ぜ、常温で7日間※1ほど、毎日混ぜながら置く。完成※2したら冷蔵庫で保存する。

※1　毎日醤油が減っていたらその都度足してください。置く期間は季節や環境によって日数を調整してください。冬場は10日から2週間かかることもあります。
※2　醤油の角が取れ、麹が少し柔らかくなっている状態が完成の目安です。

Epilogue

この本を手にとっていただき、最後まで読んでくださったみなさま、本当にありがとうございます。

子どもの頃に描いたたくさんの夢。それなのに、大人になって、社会人になって、ママになった私は、どこかで「現実はこんなものだ」と夢を諦め、「娘の人生」が私の人生そのものになっていました。そんな私が、もう一度自分の人生を取り戻すきっかけをくれたバランスボールには、感謝しかありません。

ママになった私は、小田早矢香として新しい夢ができました。そして、その夢を応援してくれる夫、娘、両親、姉弟、おじいちゃん、大切な美やせメンバー&講師のみんな、wellbeautyの仲間たち、いつもありがとうございます。大好き!! また、この本を世に送り出してくれたプレジデント社の村上さん、ロビタ社の三好さんと後藤さん、フォトグラファーの横田さん、ヘアメイクの黒澤さん、デザイナーのみうらさん。そして、きっかけをくれた直子さん。本当にありがとうございました。

うまくいかないこともあるし、泣けて仕方ない日もあります。努力が報われるとは限らない。今、どん底と感じているママもいるかもしれない。でも、でも、生きているだけですばらしいんです。だから、今がツラいと思っているママたちも、大丈夫! エネルギー溢れる未来を、キラキラの笑顔で子どもや旦那さんと笑う未来を、一緒に叶えましょう!

絶対できるよ! だから跳ぼう!!

ママたちに笑顔が溢れますように。そして、そんなママがいる家族が輝き、日本という社会が輝きますように。

2025年1月　SAYAKA(小田早矢香)

Special Thanks… 水戸亮太さん、門口拓也さん、DRMのみなさん

購入特典

ご購入くださった方に「2大特典」をお届け！

本書をご購入くださった方だけに、特別に2大特典をご用意しました！
もっともっと、産後のママの「美やせ」をサポートする、
スペシャルな内容になっています！

特典 1

お腹やせに効く！
オリジナルレッスン動画（約20分）

本書には掲載されていないスペシャルエクササイズを収録。
SAYAKA オリジナルプログラムです。

動画の内容はこちら♪

お腹を一気にケアしたいときに、食べすぎた後に、むくんでいる日に。
速攻で効く【有酸素→筋トレ→有酸素→ストレッチ】の特別レッスン！

特典 2

忙しいママこそ超ズボラ de OK！
【SAYAKA's 常備菜】

仕事に、家事・育児にと忙しいママのために考えた、
我が家でも定番のレシピを紹介します！

ラインナップはこちら♪

- 忙しいママのためのズボラ de 常備菜
- 子どもたちがいないランチこそ要注意！
  必要な栄養をズボラに摂取レシピ
- 家族みんながやみつき！ SAYAKA の定食レシピ

特典の受け取り方

右の二次元コードをスマートフォン（またはタブレット）のバーコードリーダー（またはカメラ）で読み取っていただき、SAYAKA【美痩せインストラクター】の公式 LINE にアクセスしてください。

著者

SAYAKA（小田早矢香／おだ・さやか）

バランスボールを活用した独自の「美やせプログラム」で、女性を美しく健康な身体に導く専門家。解剖学、運動生理学、栄養学、整体術を用いたプログラムをこれまで5000人以上に提供し、99%が結果を出している。公式インスタグラムはフォロワー2.3万人を超え、「美やせプログラム」は募集の度に満員で予約待ちの人気プログラムに。人気急上昇中の新・美のカリスマ。

Instagram @sayaka06_balanceball

バランスボール「美やせ」革命

「細胞から若返る」アラフォーママ最強メソッド

2025年1月30日　第1刷発行

著者　SAYAKA
発行者　鈴木勝彦
発行所　株式会社プレジデント社
〒102-8641
東京都千代田区平河町2-16-1　平河町森タワー13階
https://www.president.co.jp/
電話　03-3237-3732（編集）／03-3237-3731（販売）

ブックデザイン　みうらしゅう子
スチール撮影　横田裕美子（STUDIO BANBAN）
ヘアメイク　黒澤亜矢
動画撮影・編集　小田早矢香
編集制作　三好史夏、後藤加奈（株式会社ロビタ社）
企画・ブランディング　福井直子（エイル・ブランディング株式会社）

商品写真協力（p.32-33）　Gymnic Shop
HP https://gymnicshop.com/

販売　桂木栄一　高橋 徹　川井田美景　森田 巌
末吉秀樹　庄司俊昭　大井重儀
編集　村上 誠
制作　関 結香
印刷・製本　中央精版印刷株式会社

ISBN978-4-8334-4069-1　Printed in Japan
落丁・乱丁本はお取り換えいたします。